dtv

W0233023

Indien, Portugal oder Griechenland – Antonio Tabucchi nimmt uns mit in jene fernen und faszinierenden Länder, die wir aus seinen Romanen kennen. In Lissabon sitzt er mit Fernando Pessoas Geist im berühmten Literatencafé Brasileira, in Bombay erkundet er das Luxushotel Taj Mahal und auf Kreta durchstreift er die Hügel und Berge mit wachem Blick für die Pflanzenwelt. Er reist in Brasiliens Minenregion und in die südfranzösische Küstenstadt Sète zu Paul Valérys »Friedhof am Meer«. Doch auch die Romane anderer Autoren bieten Anlässe, in unbekannte Welten zu reisen und über das Eigene und das Fremde, das Reale und das Imaginäre nachzudenken.

Antonio Tabucchi (1943–2012) war eine der bedeutendsten Stimmen der europäischen Literatur. Neben seiner schriftstellerischen Tätigkeit lehrte er Portugiesische Sprache und Literatur und schrieb für zahlreiche Zeitungen. Sein Werk wurde in mehr als 40 Sprachen übersetzt und mit zahlreichen Preisen ausgezeichnet, u. a. mit dem Premio Campiello, dem Prix Médicis étranger und dem Österreichischen Staatspreis für Literatur.

Antonio Tabucchi

Reisen und andere Reisen

Aus dem Italienischen
von Karin Fleischanderl

dtv

**Ausführliche Informationen über
unsere Autoren und Bücher
www.dtv.de**

2018 dtv Verlagsgesellschaft mbH & Co. KG, München
Lizenzausgabe mit Genehmigung des Carl Hanser Verlag München.
© Antonio Tabucchi, 2010
Alle Rechte der deutschen Ausgabe:
© Carl Hanser Verlag München 2016
Die Originalausgabe erschien 2010 unter dem Titel ›Viaggi e altri viaggi‹
bei Feltrinelli, Mailand. Sie wurde für die vorliegende Ausgabe
in Absprache mit dem Autor leicht gekürzt.
Umschlaggestaltung: Isabella Grill/dtv unter Verwendung
eines Fotos von plainpicture/Design Pics/Matt Brandon
Gesamtherstellung: Druckerei C.H.Beck, Nördlingen
(Satz nach einer Vorlage des Carl Hanser Verlag)
Gedruckt auf säurefreiem, chlorfrei gebleichtem Papier
Printed in Germany · ISBN 978-3-423-14640-1

Für Zé,
unter anderem auch meine Reisegefährtin

Diese Texte, die bei den verschiedensten Gelegenheiten entstanden sind, immer anlässlich von Reisen, wobei ich die
Reisen nie unternommen habe, um darüber zu schreiben,
trieben wie Inseln in einem schwimmenden Archipel: Sie
sind an den verschiedensten Stellen erschienen, im In- und
Ausland, nahezu ohne Zugehörigkeit oder Identität, Treib-
gut. Sie zu sammeln war, als würde ich daraus ein Floß
bauen, ein Schiff, ein Kanu; ich habe die Risse an ihrem Kiel
abgedichtet, und die Strömungen, denen sie ausgesetzt waren, in eine gemeinsame Richtung gelenkt, damit sie ihre
Fahrt als Buch fortsetzen konnten.

Dieses Schiff hat also den Charakter eines kompakten
Flickwerks, so, wie viele Menschen eine Menge bilden. Und
merkwürdig ist es, einen Blick auf die Brücke des Schiffes
zu werfen. Hin und wieder steht dort ein einsamer Seefahrer, in dem ich mich zu erkennen glaube, hin und wieder
bin ich in Gesellschaft Maria Josés, hin und wieder befinde
ich mich gar nicht unter den Reisenden und gebe mich damit zufrieden, sie von der Küste aus mit dem Fernglas zu
beobachten.

Ich muss zugeben, alles in allem bin ich viel gereist. Ich
habe viele fremde Orte besichtigt und habe an vielen fremden Orten gelebt. Und das empfinde ich als großes Privileg,
denn wenn man ein ganzes Leben lang mit den Füßen auf
demselben Boden steht, kann das zu einem gefährlichen Irrtum führen, zu dem Glauben nämlich, dieser Boden gehöre

einem, als wäre er nicht ausgeliehen, so wie alles im Leben ausgeliehen ist. Konstantin Kavafis hat das in einem außergewöhnlichen Gedicht mit dem Titel *Ithaka* zum Ausdruck gebracht: Der einzige Sinn der Reise besteht darin, eine Reise zu sein. Und wenn wir diese Botschaft verstehen, können wir daraus viel lernen. Die Reise ist wie unser Leben, dessen Sinn vor allem darin besteht, dass wir es gelebt haben.

Ich lese die Berichte dieser Reisen wieder, die in gewisser Weise wie das Kartenwerk der großen Reise sind, die ich bis jetzt unternommen habe. Manche stimmen mich fröhlich, manche wehmütig, bei manchen empfinde ich Bedauern. Die meisten sind mit schönen Erinnerungen verbunden. Sie waren (und sind in der Erinnerung noch immer) schöne Reisen. Aber die außergewöhnlichsten Reisen fehlen. Die Reisen, die ich nie unternommen habe, die ich nie werde unternehmen können. Sie bleiben ungeschrieben, es gibt sie nur in einem geheimen Alphabet unter den Lidern, am Abend. Sobald man einschläft, sticht man in See.

A. T.

DER ONKEL AUS LUCCA
IN SINGAPUR

Gespräch mit Paolo Di Paolo

*»Oft stellte ich mir vor, dass ich abreiste. Ich sah mich nachts verstohlen in einen dieser Züge steigen … Ich hatte nur wenig Gepäck bei mir, meine Uhr mit den Leuchtziffern und mein Geographiebuch«, sagt eine Person aus einer Ihrer Erzählungen »Samstagnachmittage« (*Umkehrspiel, *1988). Welche Gefühle ruft das Wort »aufbrechen« bei Ihnen hervor? Seit wann glauben Sie, es habe mit Ihrem Leben zu tun?*

Es ist verständlich, dass ein junger Mann, der seine Kindheit auf dem langweiligen Land (obwohl es sich dabei um die schöne Toskana handelte) verbrachte, ein Jahr wegen eines kranken Knies ans Bett gefesselt war und beim Lesen der Bücher von Stevenson und Conrad, die mir mein Onkel mitbrachte, ins Träumen geriet, den Wunsch hegte »aufzubrechen«. Aber wirklich bewegt haben mich nicht die Romane, die von fernen Reisen erzählten, sondern ein Film: Fellinis *La dolce vita.* Das Bild Italiens, das Fellini in diesem grausamen Film zeichnet, entsprach nicht dem offiziellen Italienbild, das man einem Gymnasiasten vermitteln wollte. Nach dem Gymnasium hatte ich keine Lust, mich an der Universität einzuschreiben, und ich überredete meinen Vater, nach Paris gehen zu dürfen. Damals gab es noch kein Erasmusprogramm, und Studenten hielten sich als Tellerwäscher über Wasser. Außerdem versprach mein Status als *libre auditeur* an der Sorbonne nicht gerade eine glänzende Karriere. Aber Paris war die Entdeckung der Welt oder zumindest die Entdeckung, dass die Welt groß ist. Es stimmt nicht, dass die Welt klein ist. Es stimmt auch nicht, dass sie ein »globales Dorf« ist, wie die Massenmedien behaupten. Die Welt ist groß und vielfältig. Deshalb ist sie schön. Weil sie groß und vielfältig ist und weil man sie nicht zur Gänze kennenlernen kann.

»Ich bin hier und niemand kennt mich, ich bin ein anonymes Gesicht in einer Menge von anonymen Gesichtern, genauso wie hier könnte ich woanders sein, es ist dasselbe, und das entzündet in mir eine brennende Sehnsucht, gibt mir das Gefühl einer schönen und überflüssigen Freiheit, wie eine nicht erwiderte Liebe«, heißt es in der Erzählung »Anywhere out of the world« (Kleine Missverständnisse ohne Bedeutung, 1985). Auch geboren werden bedeutet, an irgendeinen Ort zu gelangen. Aber dann fühlen wir uns eingeengt und wir brechen auf. Aber es ist nicht so einfach, einen Ort zu finden, der uns genügt. »Sich mit einem Ort begnügen« – wie soll man das anpacken?

Die Literatur – hat ein Dichter gesagt – ist der Beweis, dass das Leben nicht genügt. Die Literatur ist nämlich eine zusätzliche Erkenntnis. Sie ist wie die Reise. Eine Erkenntnis mehr, viele Arten der Erkenntnis. Es gibt viele Dinge, mit denen wir uns im Leben begnügen müssen: Liebe, Arbeit, Geld. Aber ich glaube, die Erkenntnis reicht nie. Zumindest wenn man Erkenntnisdrang besitzt.

Der Junge aus Ihrer Erzählung »Silvester« (Der schwarze Engel, 1991) reist mit Hilfe von Büchern, von Geschichten. Er reist, ohne sich von der Stelle zu rühren. Wie sehr hat die Lektüre-

erfahrung mit der Reiseerfahrung zu tun? Ist das Schreiben, wie
man oft hört, eine andere Art des Reisens?

Beim Schreiben stellt man sich vor, ein anderer zu sein und
ein anderes Leben zu führen. Und sich an einem anderen
Ort zu befinden. Schreiben ist eine Reise außerhalb von Zeit
und Ort. Die geographische Reise ist eine horizontale Reise,
bei der man die Erdoberfläche nie verlässt.

Es gibt ein Buch von Carlo Emilio Gadda mit dem Titel
I viaggi la morte (Die Reisen der Tod). *In dieser Schreibweise,
ohne Komma. Die Personen seiner Bücher bewegen sich, reisen und denken oft an den Tod. Der Ich-Erzähler Ihres Romans*
Requiem *(1992) durchquert Lissabon, reist durch Lissabon und
trifft ständig, an jeder Ecke Personen, die zugleich an- und ab-
wesend sind und die den Tod, die Toten heraufbeschwören.*

Auf Reisen begegnet man vor allem Lebenden. Hin und wieder auch Sterbenden. Und manchmal auch Toten, je nachdem, wo man sich aufhält. In gewissen Ländern zum Beispiel trifft man heutzutage viele Tote. Aber auch die eigenen
Toten, beziehungsweise die Toten, die wir kennengelernt
haben, als sie noch am Leben waren. So kommt es zum Beispiel vor, dass jemand in einer einfachen Pension in Lissabon, an einem Augustsonntag, wenn die Stadt wie ausgestorben ist, Besuch von seinem Vater erhält, der seit geraumer
Zeit tot ist. Warum ist er nicht nach Hause gekommen? Sind
die Toten schüchtern? Wäre es ihm schwergefallen, an einen Ort zurückzukehren, der ihm allzu bekannt war? Auch
kommt es vor, dass man in einem anonymen Hotelzimmer

in Singapur, ganz oben im obersten Stockwerk eines Wolkenkratzers, plötzlich die Stimme eines Onkels aus Lucca hört. Was für eine Kraft die Stimme doch haben muss, wenn sie von so weit herkommt, während wir sie aus der Nähe nie gehört haben; man schläft in einem Hotel in Singapur und wird von der Stimme eines Onkels aus Lucca geweckt. Ist es möglich, dass der Onkel aus Lucca nur darauf gewartet hat, dass sich sein Neffe in Singapur befindet, damit er ihm etwas ins Ohr flüstern kann? Wovon hängt das ab? Vielleicht weil er an diesem Abend nicht die italienischen Nachrichten gesehen hat, was übrigens in Singapur unmöglich wäre? Vielleicht weil er nicht gehört hat, dass der Papst mit einer neuen Kopfbedeckung auf die Straße gegangen ist, dass der Abgeordnete der Manodura-Partei heute dazu aufgerufen hat, jemanden zu erschießen, dass der Fernsehjournalist, der nichts Menschliches an sich hat, Embryonen für heilig hält? Vielleicht weil er den ganzen Mist, der im Alltag herumliegt, hinweggefegt hat? Vielleicht weil die Toten, die wie Wale mit Hilfe einer Art natürlichem Sonar kommunizieren, damit sie von den vielen künstlichen Tönen, die die Ozeane durchsetzen, nicht gestört werden, akustisch sauberes Wasser brauchen, damit sich ihre Stimme nicht in dem Hintergrundgeräusch verliert, das uns umgibt?

Und die Zeit? Was passiert mit der Zeit (mit unserer Wahrnehmung der Zeit), wenn wir reisen? Im Augenblick der Abreise, wenn wir uns bewegen, scheint sie sehr kurz zu sein, doch sobald wir etwas betrachten, während wir innehalten, dehnt sie sich aus, gärt auf geheimnisvolle Weise.

Wie schön sind doch Fahrpläne! Fahrpläne beruhen auf einer speziellen Zeit, die nichts mit der Zeit (in Großbuchstaben) zu tun hat, sie beruhen auf einer engen, berechenbaren Zeit, die auf der Seite eines Terminkalenders Platz hat. Man rechnet nach: Wenn ich den Autobus um vier Uhr früh nehme, komme ich um sieben Uhr abends in Oaxaca an. Das Ritual der Zapoteken-Schamanen auf den Hügeln findet um einundzwanzig Uhr statt, wenn der Bus keine Verspätung hat, müsste ich es eigentlich schaffen. Das gilt für Montag. Dienstag werden wir sehen.

Glauben Sie, dass das Reisen die Bücher, die Sie geschrieben haben, sehr beeinflusst hat? Gibt es Reisen, die Sie heute angesichts Ihres Werkes als sehr wichtig bezeichnen würden?

Es ist immer sehr schwierig festzustellen, ob die Dinge, die wir denken, die Dinge beeinflussen, die wir tun, oder ob die Dinge, die wir tun, unsere Gedanken beeinflussen. Offenbar gelten für beide *gleiche Bedingungen*. Manche Reisen sind in die Literatur eingeflossen. Diese Reisen gibt es nicht mehr, ich habe sie fast vergessen. Oder besser gesagt, sie leben weiter, weil ich sie in Romane verwandelt habe. Leben und Schreiben ist ein und dasselbe, dennoch sind es zwei verschiedene Dinge. Das Leben ist wie eine Musik, die verklingt, sobald man sie gespielt hat. Zweifellos ist die Musik schöner als die ihr zugrundeliegende Partitur. Aber sobald sie gespielt worden ist, bleibt von der Musik eben nur die Partitur.

Was für eine Art Reisender sind Sie? Haben Sie Angst vor dem Fremdsein, der Aufhebung oder Unterbrechung des Gewohnten, der Begegnung mit dem Unbekannten?

Ich bin ein Reisender, der nie Reisen unternommen hat, um darüber zu schreiben, das habe ich immer für dumm erachtet. Als würde man sich verlieben wollen, um ein Buch über die Liebe zu schreiben. Vielleicht war die Langeweile, eine tiefe, quälende Langeweile, ein mächtiger Motor meiner Reisen. Aber schwierig zu sagen. Die Langeweile, die tief und quälend empfundene Langeweile, kann ein Motor sein, einen aber auch so faszinieren, dass man sich bis auf ihren tiefsten Punkt sinken lässt. Und wo finden wir das Unbekannte, das wahre Unbekannte? Wenn wir in ein Flugzeug steigen und weit weg fahren oder am Grunde dieses Brunnens der Unbeweglichkeit, an einem Tag, an dem wir zu Hause bleiben und nachdenken und die Wand anstarren, ohne sie zu sehen? Und außerdem belauert uns das Unbekannte ständig, es taucht bei der erstbesten Gelegenheit auf.

Gibt es Autoren oder Bücher, die Ihnen als Reiseführer gedient haben, die Sie auf den Reisen Ihres Lebens als Reisegefährten empfunden haben?

Nicht so sehr Autoren, sondern vielmehr Verse oder Gedichtpassagen. Gedichte trägt man bei sich, ohne es zu wissen. Und hin und wieder kommen sie von alleine, wie um eine Situation zu besiegeln, in der wir uns befinden, sie tauchen durch eine Assoziation aus dem Gedächtnis auf, weil sie eine Situation definieren, ihr einen »Sinn geben«, echte

Reisegefährten sind, jene Art von Reisegefährten, die uns im richtigen Augenblick den richtigen Rat geben. Ich könnte zum Beispiel beliebig Verse zitieren, die mir einfallen, und die ich auf Reisen wie einen Refrain immer wieder aufgesagt habe: »Große Epen hasse ich. Und an dem Weg, der die Masse hierhin und dorthin führt, finde ich keinen Geschmack« (eine falsche Reise); »Fremder, wenig hab' ich dir zu sagen: bleibe stehen und lese« (ein zufällig gefundener Grabstein); »Um Himmels Willen, was für ein Jahrhundert, sagten die Ratten und begannen das Gebäude anzunagen« (angesichts von Szenen, die ich lieber nicht gesehen hätte); »Reisen, Länder verlieren« (diverse Situationen); »Ich bin dort, wo ich nicht sein sollte« (ein häufiger Gedanke); »Erkennst du mich, Luft, du, voll noch einst meiniger Orte?« (wenn man an einen Ort zurückkehrt); »Wenn du dich in der Wüste des Abends verlierst und du beim Anblick des fernen Meeres Durst bekommst« (eine Weissagung, die sich bewahrheitet); »Hin und wieder ist es auf der ganzen Welt Dezember und Samstag in ganz Kolumbien (als ich mich an einem Weihnachtsabend fragte, was ich an einem bestimmten Ort mache); »Ich habe Sehnsucht nach zu Hause, was offensichtlich eine Dummheit ist, dort war ich nie ein anerkannter Chauvinist« (kann passieren).

»Es gefiel mir, die Reise auf dem Antlitz der anderen zu lesen.« Das ist ein sehr schöner Satz aus einem Ihrer Bücher. Gibt es eine Reise, die Sie unternommen haben, weil Sie sie auf jemandes Antlitz gelesen haben?

Ein besonderes Staunen angesichts der Reise liest man natürlich auf den Gesichtern derer, die einen »Ausflug« machen. »Die Italiener auf Ausflug«, wie Paolo Conte sagen würde. Aber auch hier in Portugal, von wo aus ich auf Ihre Fragen antworte, liest man das Staunen auf den Gesichtern derer, die am Sonntag einen Ausflug nach Fátima oder ans Meer machen, oder in Frankreich auf den Gesichtern derer, die am Sonntag aus den Pariser Randbezirken aufbrechen, um die Kathedrale von Chartres zu besichtigen. »Ausflüge« gibt es immer noch, auch wenn sie immer weniger werden. Ich habe schon des Öfteren bei einer Bushaltestelle auf den Bus gewartet, der von irgendwoher kam, und so getan, als würde ich auf jemanden warten, obwohl ich in Wirklichkeit auf niemanden wartete, nur um die Personen zu beobachten, die aussteigen. Auf ihrem Antlitz liegt Staunen, Aufregung, Müdigkeit, manchmal sind sie nicht mehr jung, ein paar haben auch die größeren Enkel dabei. Ich betrachte diese Personen gerne: Sie haben tatsächlich eine Reise unternommen, wenn auch nur ein paar hundert Kilometer lang. Vielleicht sind sie von meinem Heimatdorf in der Toskana nach Assisi oder an den Trasimenersee gefahren. Und die Reise ist ihren müden Augen abzulesen, wo von der kurzen Ausflucht Fröhlichkeit und Unbehagen geblieben sind. Aber ich habe auch junge Paare beobachtet, die vielleicht noch nicht einmal die Uffizien oder das Kolosseum gesehen und ihre Hochzeitsreise auf die Seychellen oder die Komoren unternommen haben. Bei ihrer Rückkehr steht nichts in ihrem Gesicht. Was macht man überhaupt auf den Komoren? Diese Paare sind lediglich von der Sonne gebräunt. Das hätten sie auch erreicht, wenn sie im Hof oder auf ihrer Terrasse geblieben wären.

I.
AUFBRUCH

Einem magischen Buch, das für mich noch immer magisch ist, nämlich der *Schatzinsel,* verdanke ich es, dass ich in meiner Jugend die Literatur (und die von ihr ausgehende Faszination) entdeckt habe. Es war im Verlag Giunti Marzocco erschienen, im Rahmen einer schönen Kinderbuchreihe. Dieses Buch führte mich auf wunderbare Ozeane, und der Wind blähte nicht nur die Segel des Schiffes, das auf der Suche nach dem Schatz ausgelaufen war, sondern vor allem die Segel der Phantasie. Nach wie vor auf den Flügeln der Phantasie, aber doch auch dem Realitätsprinzip gehorchend, suchte ich diese Insel in einem anderen magischen Buch, meinem Atlas. Es war der De Agostini-Atlas.

Bis dahin kannte ich nur die geographische Darstellung Italiens, den Stiefel. Aber das war anders, die ganze Welt lag vor mir. Auf der ersten Tafel des Atlas befand sich der wie eine Orange aufgeschnittene und zweigeteilte Globus, dann folgten andere Tafeln mit den verschiedenen Kontinenten. Die erste Tafel bildete Europa ab, denn den Europäern zufolge beginnt die Welt bei Europa. Im Übrigen hatte dieser Atlas gewiss noch nie Bekanntschaft mit der Kulturanthropologie, also mit dem Begriff der Relativität gemacht. Am meisten faszinierte mich, dass auf der rechten Seite jeweils ein Kontinent und auf der linken Seite eine Reihe von Fotos abgebildet war, die für den betreffenden Kontinent »charakteristisch« waren. Ich erinnere mich an die für Europa typischen Fotos: das Kolosseum, der Eiffelturm, die Meerjungfrau in Kopenhagen, die Tower Bridge. Afrika wurde anhand folgender Fotos dargestellt: die Pyramiden, der Kilimandscharo, eine marokkanische Moschee, eine Stadt aus Ton in Mali. Asien durch den Hafen von Singapur, eine Pagode in Tokio, und eine Ansicht von Samarkand. Was Ozeanien anbelangt, erinnere ich mich an den Hafen von Sydney und das Gesicht eines Mannes mit einem Knochenstück in der Nase. Das war die Welt. Und so war meine erste Vorstellung davon. Für mich war sie unveränderlich und gesichert, denn auf der einen Seite war da die abstrakte Darstellung ihrer geographischen Form und auf der anderen Seite waren die Fotos, der »Inhalt«. Den Atlas besitze ich noch immer, und neulich habe ich ihn betrachtet. Merkwürdig: Er ist nicht mehr zu gebrauchen, wie ein alter Fahrplan, und wenn man ihn als Führer benutzte, wäre das, als würde man einen Zug nehmen, von dem man glaubt, er fahre in eine bestimmte Stadt, und dann in einer anderen ankommen.

Aus welchem Grund sollte ich diesen Atlas aufbewahren? Gewiss nicht aus Nostalgie. Ich habe niemals den Anspruch erhoben, jemanden etwas anderes zu lehren als Methoden zur philologischen Rekonstruktion eines literarischen Texts, und deshalb ist dieser Atlas für mich ein wertvolles didaktisches Instrument. Ich hebe ihn für meine Enkel auf, damit sie nicht glauben – so wie ich damals glaubte –, dass die Welt immer gleichbleiben wird; damit sie feststellen, dass die Darstellung der Welt relativ ist, dass sich die Farben auf den geographischen Karten ändern, dass ein Land, das früher rot war, nun weiß ist, dass eines, das früher gelb war, jetzt grün ist, und eines, das groß war, jetzt klein, dass die Grenzen sich verschieben und beweglich sind. Es bleiben die Flussläufe, die Höhe der Berge und die Küstenlinien, aber sie können heute zu diesem und morgen zu jenem Land gehören. Die einzigen Grenzen, die sich nie verändern werden, sind die des menschlichen Körpers, und die Gefühle, die er hat, wenn sie verletzt werden.

»Geändert hat sich nichts; / nur der Lauf der Flüsse, / die Kontur der Wälder, Gestade, Küsten und Gletscher. / In diesen Landschaften streut unsre Seele, / verschwindet, kommt wieder, mal näher, mal ferner, / sich selber fremd, unbegreifbar, / mal sicher, mal unsicher ihres Daseins, / während der Körper ist und ist und ist / und nicht weiß wohin.«

Das ist der letzte Vierzeiler in Wisława Szymborskas Gedicht »Folter«. Der erste lautet so:

»Geändert hat sich nichts; / der Körper ist schmerzempfindlich, muss essen, atmen und schlafen, / unter der dünnen Haut fließt Blut, / er hat einen ziemlichen Vorrat an Zähnen und Nägeln, / seine Knochen sind brüchig, die Gelenke streckbar. / Das alles wird bei der Folter bedacht.«

II.
GEPLANTE REISEN

Als ich ein Kind war, fuhr ich des Öfteren mit einem On-kel nach Florenz. Er ist mir in bester Erinnerung geblieben. Er war ein fröhlicher und neugieriger junger Mann, der die Kunst und die Literatur liebte und heimlich Theaterstücke schrieb. Er hatte beschlossen, seinem Neffen eine ästheti-sche Bildung angedeihen zu lassen, und ich war sein einzi-ger Neffe.

Wir wohnten auf dem Land in der Nähe von Pisa, die Fahrt nach Florenz war damals eine wahre Reise. Wir stan-den im Morgengrauen auf und bestiegen einen alten Bus, mit dem wir nach Pisa fuhren, wo wir auf den Zug nach Florenz warteten. Ich erinnere mich noch an diese Reisevor-mittage, an den Milchkaffee, den wir in der Küche bei elek-trischem Licht tranken, weil es im Winter noch finster war, an das Brötchen, das wir im Zug aßen, an die Dinge, die mir mein Onkel erzählte, während draußen die Landschaft vor-beizog.

Er erwähnte Namen, die in meinen Ohren einen magi-schen Klang hatten, sprach von Dingen, die ich an diesem Tag sehen würde. Er sagte: Beato Angelico, Giotto, Caravag-gio, Paolo Uccello. Während ich mein Brötchen aß, dachte ich an Beato, der Engel gemalt und das Kloster mit Fresken ausgeschmückt hatte, um seine Ordensbrüder glücklich zu machen. Giotto hingegen trug denselben Namen wie meine Bleistifte, und endlich würde ich Giottos O sehen, das voll-kommenste Ding auf Erden.

Und dann kamen wir in Florenz an und liefen zu Fuß durch die Stadt. Ich betrachtete die gewaltigen Decken der Uffizien, die geheimnisvollen Bilder, die beeindruckenden Gemälde.

An der Hand meines Onkels ging ich über den Vasari-Korridor. Dies ist ein heiliger Ort, sagte er zu mir. Danach gingen wir in die Via Ghibellina, in eine alte Trattoria. Und mein Onkel fragte mich: Möchtest du Kutteln kosten? Von dort gingen wir nach San Marco, um Beato zu besichtigen. Der Glückliche, dachte ich, er konnte Engel sehen. Ich hatte noch nicht einmal meinen eigenen Schutzengel gesehen, obwohl ich mich am Abend vor dem Zubettgehen immer ganz schnell umdrehte, um ihn zu überraschen, oder mich von hinten im Spiegel betrachtete. Und ich fragte: Onkel, was muss man tun, um Engel zu sehen? Und er antwortete: Um Engel zu sehen, muss man einen Pinsel halten können. Was für ein geheimnisvoller Satz. Er ging mir nicht aus dem Kopf, während ich durch die Zellen des Klosters San Marco ging.

PISA.
WO LEOPARDI
WIEDERGEBOREN WURDE

Mit Florenz und Siena gehört Pisa zu den meistbesuchten italienischen »Kunststädten«, vor allem im Sommer wimmelt es hier vor Touristen. Der schiefe Turm ist weltberühmt und einer Statistik zufolge ist er das zweitberühmteste Wahrzeichen Italiens, gleich nach der Mona Lisa. Tatsächlich ist der aus Dom, Turm und Baptisterium bestehende Komplex, der einem geometrischen Plan zufolge auf einer riesigen grünen, von mittelalterlichen Mauern begrenzten Wiese steht, in architektonischer Hinsicht so perfekt, dass er durchaus den Namen *Piazza dei Miracoli* (Platz der Wunder) verdient.

Unsere schnelllebige Zeit zwingt den Reisenden immer mehr zu raschen und durchgeplanten Besuchen: Kaum hat der Tourist das wichtigste Wahrzeichen besichtigt und das obligate Foto geschossen, steigt er schon wieder ins Auto oder in den Bus, um zu neuen Zielen aufzubrechen. Aber selbst der Reisende mit der größten Eile, oder von der Gruppe gezwungen, einen gewissen Zeitplan einzuhalten, kann sich einen kleinen Umweg gestatten, etwa in nicht mehr als fünfhundert Metern Entfernung von der berühmten Piazza über eine wunderschöne Straße zu gehen, die Touristen für gewöhnlich verborgen bleibt. Tatsächlich kann man von der angrenzenden Piazza dell'Arcivescovado in die Via della Faggiola einbiegen, wo alte herrschaftliche Häuser und Paläste stehen. Fast am Ende, bevor man auf die Piazza dei Cavalieri

tritt, erinnert ein Marmorstein an der Fassade des sich ehemals im Besitz der Familie Soderini befindlichen Palazzos
daran, dass Giacomo Leopardi einst Gast der Familie war
und hier fast ein Jahr verbrachte, vom August 1827 bis zum
Sommer 1828.

Leopardi schätzte Pisa sehr, und die Stadt bereitete ihm
einen herzlichen Empfang. Leopardi liebte das Klima und
die Arnopromenaden, die ihm besser gefielen als die in Florenz. In einem Brief an Giampietro Vieusseux schrieb er:
»Der Anblick Pisas gefällt mir sehr. Die Arnopromenade an
einem schönen Tag ist ein bezauberndes Schauspiel: So etwas habe ich noch nie gesehen.« Er mochte die aufrichtige
Art der Leute und das kosmopolitische Klima, bedingt durch
die alte Universität, die griechische und polnische Exilanten
und Patrioten angelockt hatte. Er litt damals unter einem
Zustand der Verzweiflung und der künstlerischen Uninspi-
riertheit: In Pisa spürte er, wie sein Herz wieder zu schlagen
begann und die Gefühle zurückkehrten. Er durchbrach den
Kokon der Depression (um die es sich wahrscheinlich handelte) und erwachte zu neuem Leben, zum »Leben des Her-
zens« in seinen Worten, das ihn zu seinen schönsten Gedichten inspirierte. In Pisa schrieb er *A Silvia* (An Silvia) und
Il risorgimento (Wiedergeburt), denn er war sich sehr wohl
bewusst, dass es sich um eine persönliche Wiedergeburt handelte. »Nach zwei Jahren«, vertraute er seiner Schwester Pao-
lina an, »habe ich in diesem April wieder Verse geschrieben,
aber altmodische Verse, und mit meinem Herzen, so wie es
früher war.«

1998, anlässlich des zweihundertsten Geburtstags des
Dichters, organisierte die Leopardi-Expertin Fiorenza Ce-

ragioli in Zusammenarbeit mit Marcello Andria, einem renommierten Bibliothekar und Bücherliebhaber eine außergewöhnliche dokumentarische Ausstellung. »Leopardi a Pisa« wurde im Palazzo Lanfranchi gezeigt, der sich an der von Leopardi so sehr geliebten Arnopromenade befindet. Eine Ausstellung mit Dokumenten, Porträts, Zeichnungen und vor allem Originalbriefen und Entwürfen der in Pisa entstandenen Gedichte. Der Katalog ist natürlich nicht mehr im Handel zu erwerben, mit etwas Glück aber lässt er sich noch auftreiben. In einer Straße neben der Via della Faggiola, neben der Philologischen Fakultät, gibt es ein paar antiquarische Buchhandlungen. Vielleicht kehrt der Tourist, der ein paar Minuten lang vom Trampelpfad abgewichen ist, mit einem Erinnerungsstück zu seinem Bus zurück.

PARIS.

DELACROIX' WOHNHAUS

Im Herzen von Saint-Germain-des-Prés, kurz bevor die Rue Jacob (eine der hübschesten Straßen des alten Paris, in der es Verlage, Buchhandlungen und Kunstgalerien gibt) in die Rue de Seine mündet, verbreitert diese sich zu einem kleinen Platz mit intimer Atmosphäre, den die Touristenbusse nicht anfahren können: die Place de Furstenberg. Der von eleganten Häusern gesäumte Platz wurde vor kurzem originaltreu restauriert, sodass er in seiner alten Pracht wiederauferstanden ist. Auf einer Seite befindet sich das ehemalige Wohnhaus von Eugène Delacroix, das mittlerweile ein Museum ist und dessen gepflasterter Innenhof sowie dessen aus dem 18. Jahrhundert stammende Innenräume ebenfalls renoviert wurden. Der Maler verbrachte hier die letzten Jahre seines Lebens. Im Garten hinter dem Haus befindet sich sein Atelier, vielleicht der faszinierendste Ort am ganzen Gebäude.

In jedem Stadtführer steht, die im Museum an der Place de Furstenberg ausgestellten Werke von Delacroix seien »mindere« Werke und die »bedeutenden« befänden sich alle im Louvre; aber wer sagt, dass eine Perle nicht genauso viel wert sein kann wie ein ganzes Diadem? Delacroix ist zweifellos der bedeutendste Maler der französischen Romantik, er war fasziniert von der Mythologie und von historischen Ereignissen, die er in riesengroßen Gemälden verewigte (das berühmteste davon ist *Die Freiheit führt das Volk,* auf dem eine Marianne mit üppigen nackten Brüsten mit der Nationalfahne in der Hand unerschrocken über Barrikaden und Leichen steigt). Dieses bombastische und schwülstige Gemälde ist Delacroix' »Visitenkarte« geworden, aber weniger als ein Gemälde ist dieses Bild in Cinemascope die Darstellung einer historischen Epoche. Wir schreiben das Jahr 1830, Napoleon ist seit zehn Jahren tot, in Europa weht der Wind der Restauration, der Wiener Kongress hat in Frankreich die Bourbonen wieder eingesetzt, außerdem das Reich der beiden Sizilien, den Kirchenstaat; Chopin ist in Frankreich im Exil, Mazzini in der Schweiz, und in Griechenland, wo Byron als Held gestorben ist, regieren die Türken. Den beeindruckenden historischen Gemälden, die neben anderen »bedeutenden« Werken im Louvre hängen, ziehe ich allerdings das Bild mit dem Tiger und dem Tigerjungen vor, das eines visionären Malers würdig ist, daneben das ungewöhnliche Stillleben »Fleisch und Fisch« (ein Hummer neben einem Fasan) oder *La palette de l'artiste,* ein geniales Selbstporträt. Denn ich glaube, Delacroix hat hier nicht seine Palette gemalt, sondern sich selbst. Das in die Jahre gekommene Modell kann man noch immer im Atelier des Museums an der Place de Furstenberg bewundern.

Wer gern ein wenig dem Fetisch frönt, auf den alle großen Künstler einen Anspruch haben, kann in dem Haus auf der Place de Furstenberg nicht nur die Palette, sondern viele andere Alltagsgegenstände bewundern: vor allem die Musikinstrumente und die Werkzeuge, die Delacroix auf einer langen Reise durch Andalusien, Marokko und Algerien sammelte, einer Reise, die seine Malerei sehr beeinflusste. Als aufmerksamer Beobachter des Lichts und der intensiven Farben des Südens verewigte er die Landschaften Südspaniens und des Maghreb in Form von Aquarellen, die so abstrakt sind, dass sie schon fast modern wirken und Paul Klee vorwegnehmen. Auch die Gestalten, die einige dieser Landschaften bevölkern, sind wunderschön, vor allem die Frauen, viele Frauen, die sehr sinnlich und oft in melancholischer Pose dargestellt sind. In Marokko durfte Delacroix einen Harem betreten (er reiste in diplomatischer Mission und stattete dem Sultan einen Besuch ab), und die Traurigkeit der eingesperrten Frauen berührte ihn zutiefst. Sein Freund Baudelaire, der verstand, wie sehr diese Reise Delacroix' Malerei beeinflusste, war ein großer Befürworter der Neuerung, die dessen Malerei in Bezug auf den damals herrschenden formalen Klassizismus darstellte (zum Beispiel in Bezug auf Ingres, für den Delacroix eine offen zur Schau getragene und verständliche Abneigung hegte, die im übrigen auf Gegenseitigkeit beruhte).

Über seine Reise schrieb Delacroix ein Tagebuch, das zu den faszinierendsten französischen Reiseromanen des 19. Jahrhunderts zählt. Er war auch ein talentierter Schriftsteller, und seine Texte über Malerei und Kunst offenbaren ein für einen Maler ungewöhnliches literarisches Talent. Auch seine Bemerkungen über Musik sind außergewöhnlich und erklären seine enge Freundschaft mit Chopin. Von ihm stammt zweifellos das beste Porträt des Komponisten. Viele seiner Manuskripte liegen auf den Möbeln oder hängen an den Wänden des kleinen Museums an der Place de Furstenberg, wo man sie auch lesen kann – ein Ort, dessen Reichtum man beim Anblick des großen Tores in einem Winkel des Platzes nicht vermuten würde.

Jean Héroard, der Arzt von Louis XIII, ein höchst gebildeter Wissenschaftler und unter anderem auch der Autor eines geistreichen Tagebuchs über die Kindheit und Jugend des Königs, das Carlo Emilio Gadda sehr gefiel, hatte 1626 die Idee zu diesem Pariser Wunder. Héroard konzipierte den Botanischen Garten für die damaligen Medizinstudenten, und Louis XIII, der Gadda zufolge Gefallen an den »kleinen Beschäftigungen fand, nicht zuletzt, weil Richelieu ihm nicht gestattete, sich ernsthaft mit allzu ernsten Dingen zu befassen« (*I Luigi di Francia*, 1964), erfand prompt ein eigens auf ihn zugeschnittenes Amt, einen »königlichen Pflanzenkundler«. Aber seine heutige, prächtige Form erlangte der Jardin des Plantes erst ein Jahrhundert später, unter der Herrschaft von Louis XV, der den größten zeitgenössischen Wissenschaftler beschäftigte, Georges-Louis Leclerc, Graf von Buffon, der nicht nur ein raffinierter Literat, sondern auch Naturwissenschaftler, Biologe und Astronom war. Seine Sicht der Natur ebnete den Weg für Darwin und die Evolutionstheorie.

Natürlich ist der Jardin im Frühling und im Sommer besonders prächtig, aber durch den Kontrast zwischen der natürlichen Landschaft draußen und den großen Pavillons voller tropischer Pflanzen ist er auch im Winter sehr reizvoll. Ich würde raten, den Eingang an der Rue Cuvier zu nehmen, der nach einem der Naturwissenschaftler benannt ist, die den Garten konzipierten, denn hier gibt es einen speziellen

Pavillon, der, wie man sehen wird, einen speziellen Besuch verdient. Einen ausführlichen Plan der riesigen Anlage des Jardins erhält man an der Kasse der *Ménagerie*, die gleichzeitig auch der Eingang des ältesten öffentlichen Zoos ist, auf dessen Besuch man allerdings verzichten kann (noch dazu, wenn man bedenkt, welches Ende die Vorfahren dieser Tiere zu einem gewissen Zeitpunkt der Pariser Geschichte nahmen: 1789, während des Sturms auf die Bastille, wurden nämlich fast alle Tiere gegessen und ihre Namen explizit auf den Speisekarten der großen Restaurants der Stadt genannt). Heutzutage kann man das Restaurant des Zoos allerdings aufsuchen, das Sandwich mit *jambon de Paris* ist über jeden Verdacht erhaben.

Nach einem kurzen Aufenthalt bei der Statue von Bernardin de Saint-Pierre, dem Wegbereiter des Valentinstages und Autor des Romans über das in einer Hütte hausende ewige Liebespaar Paul et Virginie, betritt man den Wintergarten mit dem mexikanischen Treibhaus daneben, in dem Bananen, Bambus und baumartige Amazonasbüsche wachsen. Wenn es draußen kalt ist (und im Winter ist es kalt in Paris), kann man sich der Illusion hingeben, man sei in den Tropen, zudem kann man angesichts des bescheidenen Eintrittspreises auch die echten Vorteile des Tropenklimas (beziehungsweise des türkischen Bades) genießen, denn ein Hygrometer zeigt unerbittlich eine gleichbleibende Feuchtigkeit von 90 Prozent an. Sportliche Besucher können auf den großen Felsen ganz hinten im Pavillon klettern, von dem aus man eine wunderbare Aussicht genießt und wo sich der Eingang zum Kakteenpavillon befindet (der absolut »schärfste« Ort in einer Stadt, die für ihre Nachtlokale bekannt ist).

Angesichts der Weitläufigkeit des Jardins muss man allerdings Entscheidungen treffen, sofern man nicht ganze Tage dort verbringen will. Faszinierend ist das Mineralienkabinett mit der international größten Sammlung von Riesenkristallen. Darunter gelegen befindet sich die sogenannte Schatzkammer, in der außergewöhnliche Edelsteine aus alten königlichen Sammlungen ausgestellt sind. Ebenfalls ein Muss ist der Besuch des Kabinetts für Paläontologie und Vergleichende Anatomie. Allein die für das Ende des 19. Jahrhundert typische Gusseisenarchitektur ist einen Besuch wert, aber auch die Liebhaber von Dinosauriern und anderer Tiere, die früher einmal die Erde bevölkerten, kommen hier auf ihre Rechnung. Und auch der Besucher mit einer Vorliebe für phantastische Literatur erlebt hier zwei Überraschungen: Es erwartet ihn das Skelett des Coelacanthus, eines Fisches, von dem die Paläontologen glaubten, er sei seit fünfundsechzig Millionen Jahren ausgestorben, der jedoch lebend in den Tiefen eines Sees in den Anden gefunden wurde (der portugiesische Dichter Herberto Helder hat dem Tiefseefisch in dem Buch *Os passos em volta*, »Die Schritte ringsum«, eine sehr schöne Erzählung gewidmet); und wenn man genau schaut, findet man noch ein Wassertier, den Axolotl, den Julio Cortázar in der gleichnamigen phantastischen Erzählung (in der Sammlung *Ende des Spiels*) erwähnt. Cortázars Erzählung beschreibt eine biologische Regression und beginnt folgendermaßen: »Es gab eine Zeit, in der ich viel über die Axolotl nachdachte. Ich besuchte sie im Aquarium des Jardin des Plantes, und ich betrachtete sie stundenlang, wie sie bewegungslos verharrten und wie sie sich auf geheimnisvolle Weise bewegten. Jetzt bin ich ein Axolotl.«

Um die Unruhe, die Cortázar, infolge der merkwürdigen von ihm beschriebenen biologischen Gesetze, in uns auslöst, zu besänftigen (oder zu steigern), sollte man das Große Kabinett der Evolution besichtigen. Unbeschreiblich. Der Anblick ist nicht nur für jene empfehlenswert, die über Allgemeinbildung verfügen, sondern vor allem für die, die sich von den Bibeltheorien der kreatinistischen Sekten im Umkreis von George Bushs *Far West* oder den Überzeugungen des Vatikan haben anstecken lassen. Hier kommt der Besucher wahrscheinlich allmählich zu der Überzeugung, dass es Millionen von Jahren gedauert hat, bis wir so intelligent und gleichzeitig so dumm geworden sind.

Ein Pflichtstopp auf dem Rückweg ist der Becquerel-Pavillon. In diesen Räumen entdeckte der Physiker Henri Becquerel 1896 anhand von Uransalzen die Radioaktivität. Becquerel (dessen Name heute eine Maßeinheit bezeichnet) erhielt 1903 gemeinsam mit dem Ehepaar Curie den Nobelpreis für Physik. Er war Optimist. Gemeinsam mit den beiden anderen großen Wissenschaftlern widmete er seine Entdeckung dem »Wohle der Menschheit«.

Die negativen Auswirkungen hat man in Hiroshima und Nagasaki gesehen. Die Wissenschaft an und für sich ist bekanntermaßen neutral, alles hängt davon ab, wie man sie nutzt. In Erwartung des zukünftigen Gebrauchs nehmen wir fürs Erste die U-Bahn, um ins Zentrum zurückzukehren. Station Jussieu oder Gare d'Austerlitz, ganz nach Belieben.

SÈTE.
DER FRIEDHOF AM MEER

Wir befinden uns in Sète, einem Küstenstädtchen im Languedoc, nicht weit von der mittelalterlichen Stadt Montpellier entfernt, wo Rabelais als Arzt tätig war, einem eleganten Urlaubsort mit einem ungefähr fünfzehn Kilometer langen Strand mit ganz feinem Sand.

In Sète muss man unbedingt das Museum zu Ehren Paul Valérys besichtigen, der hier zur Welt kam. Wie eine kleine Gemme, die in ein größeres Juwel eingefasst ist, befindet sich in diesem Museum noch ein kleines Museum, das einem anderen Dichter, dem Chansonnier Georges Brassens gewidmet ist, der ebenfalls in Sète geboren wurde. Ein Nebeneinander, das wahrhaft der konsolidierten französischen Demokratie würdig ist: hier Valéry, der konservative Bürgerliche, der im untadeligen Anzug und in der Uniform der Akademie zu sehen ist, dort der Anarchist Brassens, mit hochgekrempelten Hemdsärmeln und der Gitarre in den Händen, der sich in seinen Chansons über das Bürgertum lustig machte.

Aber Museen, wo man notwendigerweise auf- und abgehen muss, sind keine idealen Aufenthaltsorte. »Um nachzudenken, oder noch besser, um auf noblere Weise zu phantasieren, muss man sitzen«, sagte der spanische Philosoph Eugenio d'Ors, ein fauler Ästhet. Dem Reisenden auf der Suche nach einem verborgenen Winkel würde ich eine Stelle oberhalb von Sète empfehlen, wo sich auf einem Hügel der

Friedhof mit Paul Valérys Grab befindet und der mittlerweile unter dem Namen seines berühmtesten Gedichts, *Friedhof am Meer*, bekannt ist. Wenn Sie wie der spanische Philosoph ein fauler Ästhet sind, nehmen Sie ein Taxi und Sie sind in wenigen Minuten am Friedhof. Wenn Sie wiederum gut zu Fuß sind, machen Sie einen schönen Spaziergang, und Sie werden die Pause danach umso mehr genießen.

Vor allem genießt man hier die Ruhe: Friedhofsruhe natürlich. Der Lärm von Sète hat sich gelegt, das Geschwätz von der Uferpromenade, das Geklapper der Holzschuhe der Urlauber auf dem Pflaster. Hin und wieder eine ferne Schiffssirene (Sète ist auch ein wichtiger Handelshafen), aber vor allem das Blau des Meeres vor Ihnen und der weite Horizont, die feierliche und etwas heidnische »Mediterraneität«, einer der Grundpfeiler von Valérys Dichtung.

Für die Franzosen ist Paul Valéry (1871–1945) ein bedeutender Dichter, vergleichbar mit Mallarmé, seinem Mentor. Er ist jedoch schwer einzuordnen. Zweifellos tritt die Vorliebe für das klare Denken und den Verstand in seiner Dichtung wie ein Störfaktor auf, manchmal scheint sie sogar das Wesen der Dichtung zu verleugnen. Aber Valéry war auch ein bedeutender Intellektueller: Wie aus seiner Biographie hervorgeht, beschloss er nach der stürmischen »Nacht in Genua« (Valérys Mutter war Italienerin), die »nebulöse« Dichtung zugunsten der klaren Philosophie aufzugeben.

Diese Entscheidung zugunsten des »reinen« Intellekts, die mit ihrem Verzicht auf Emotion eher voluntaristisch denn als authentisch intellektuelle Entscheidung erscheint, begründete seine Hinwendung zum Studium der Mathematik, in deren Folge ein beispielhaftes kleines Buch, *Monsieur*

Teste, entstand, das Vittorio Sereni vor einigen Jahren im Rahmen der »Silerchie«-Reihe im Verlag Saggiatore veröffentlichte (in Klammern soll gesagt sein: Wäre der Dichter Sereni ein Franzose, hätten ihm die Franzosen wahrscheinlich schon längst ein schönes Museum errichtet): *Monsieur Teste* ist der Inbegriff eines Menschen, der sich seines Intellekts absolut bewusst ist.

Zur Zeit Valérys lagen die großen neurologischen Studien über das Zusammenspiel der beiden Gehirnhälften, in denen jeweils die Gefühle und das logische Denken beheimatet sind (zum Beispiel die Studien von Sacks oder von Damasio, dem Autor von *Descartes' Irrtum*), noch in ferner Zukunft, und es ist verständlich, dass ein Franzose, dessen Bildung im Zeichen der Aufklärung stand, das »Licht« der Logik bevorzugte. Die allerdings weniger »logisch« war, als er vielleicht dachte, denn er hegte (wenn auch in moderater Weise) eine Sympathie für nicht gerade beispielhafte Politiker wie Mussolini. Zum Glück kehrte er 1917 mit dem Gedicht »Die junge Parze« und dann 1920 mit «Der Friedhof am Meer« zur Dichtung zurück.

»Dieses ruhige Dach, über das Tauben laufen, / atmet zwischen Pinien, zwischen Gräbern, / genau zur Mittagsstunde entzünden sich Feuer / auf dem Meer, das sich stets wiederholt« (das ist meine persönliche Übersetzung von »Midi le juste« und »La mer, la mer toujours recommencée«, das immer mit »der gerechte Mittag« und »das Meer, das immer wieder aufs Neue beginnt« übersetzt wurde, wobei ich nie verstanden habe, was das bedeuten soll). So beginnt das Gedicht. Vielleicht ist damit die Eintönigkeit des Universums oder auch »die kommerzielle Pünktlichkeit der Gestirne«

gemeint, wie Drummond de Andrade sagte. Oder ist das eine Anspielung auf die Präsokratiker, die Valéry so sehr liebte? Auf Anaximander und seine ewige Wiederkehr? Vielleicht.

Diesen Gedanken sollte man sich mit halb geschlossenen Augen überlassen, denn das mediterrane Licht blendet, und die Frage ist kompliziert. Um sie zu lösen, wäre eine Intelligenzbestie wie Monsieur Teste vonnöten, keine Ahnung, wohin er in der Zwischenzeit verschwunden ist. Vielleicht sollten Sie es auch sein lassen, denn inzwischen sitzen Sie auf einem alten Marmorstein, der das verschwitzte Gesäß angenehm kühlt, so wie auch die Brise kühl ist und Ihr Blick verliert sich zwischen den kleinen, immer gleichbleibenden Meereswellen. Und vielleicht fühlen Sie sich richtig gut. Und das ist im Grunde das Einzige, das zählt.

MADRID UND UMGEBUNG.
GOYA AUSSERHALB DES PRADO

Madrid steht gewiss nicht auf der Lise der »intelligenten«, von Reisejournalisten empfohlenen Ziele. Es heißt, im Sommer sei es dort sehr heiß, die Stadt wie ausgestorben, und es gäbe kaum Freizeitangebote. Warum hört man dann am 15. August so viele italienische Stimmen im Prado? Wahrscheinlich weil es intelligente Touristen gibt, die auch ohne Empfehlung eine der schönsten Hauptstädte Europas als Reiseziel gewählt haben. Und eine der angenehmsten. Im August ist es tatsächlich sehr heiß, aber nicht so schwül wie in Mailand oder Florenz, und anders als in Rom, muss man auch nicht auf den legendären Westwind am Abend warten. Wenn die heißesten Stunden vorbei sind, tritt man in die trockene und angenehme Luft der *meseta* hinaus, isst zum Abendessen die genialste Kaltschale der Welt *(gazpacho)* und macht irgendetwas Intelligentes. Man geht zum Beispiel in den Prado.

Aus Erfahrung weiß ich, dass die Italiener am liebsten die Goya-Säle besuchen. Nachdem sie Velázquez, »el maravilloso«, den obligaten Besuch abgestattet haben, strömen sie in die Säle des beunruhigenden Malers, dessen Werke fast alle hier im Prado hängen.

Francisco de Goya y Lucientes ist der bedeutendste Maler des 18. Jahrhunderts an der »Wende«, wie man sagt, zum 19. Jahrhundert. Jedes Jahrhundert hat den Maler, den es verdient. Zwei Jahrhunderte davor gab es in Italien Leonardo und Michelangelo, aber während in anderen europäischen Ländern, auch in Italien, ein manierierter Neoklassizismus vorherrschte, brachte Spanien diesen visionären Künstler mit seinem wundersamen Pinselstrich hervor, der den Blick auf die Schrecken seiner Zeit und das menschliche Dasein ganz allgemein richtete. Und sie malte. Den Fans dieses großen Künstlers empfehle ich einen kleinen Spaziergang am Rande der Stadt in die leicht zu erreichende Ermita di San Antonio de la Florida.

Dort wo die Stadt in Land übergeht, am Ufer des Manzanarre, eines Flusses, der von Dichtern (und auch in den republikanischen Liedern des Bürgerkriegs) besungen wurde, wohin die Madrider Familien auch heute noch gerne einen Sonntagsausflug machen, steht die kleine Klause, die Carlos IV. 1798 von dem italienischen Architekten Filippo Fontana errichten ließ. Nach dem Vorbild der Renaissance wurde sie auf dem Grundriss eines griechischen Kreuzes und mit zentraler Kuppel gebaut, in deren Inneren sich Fresken von Goya befinden (dessen sterbliche Überreste 1919 hierher überführt wurden). Sie stellen einen wundersamen Vorfall, ein seltsames Wunder dar: Der heilige Antonius erweckt einen ermordeten Mann zum Leben, um ihn zu befragen, und beweist so die Unschuld von dessen Vater, der zu Unrecht des Mordes angeklagt war. Das Gemälde füllt den ganzen Rahmen der Kuppel aus, an deren höchstem Punkt sich eine Apotheose von Engeln befindet, aber die Protagonisten der Hauptszene, die sich über einen Eisenbalkon am Rand der Kuppel lehnen, haben die Gesichter von ganz gewöhnlichen Leuten, Menschen von der Straße. So verwandelt sich die religiöse Szene in der Kuppel in eine Genreszene, als ob es sich um ein Dorffest oder um Leute auf einer Pilgerreise handelte. Diese Vermischung der Ebenen (das Irdische wird auf die Höhe des Göttlichen gehoben) verwirrt beinahe. Im Hintergrund sieht man einen weiten blauen Himmel, Wolken und vom Wind gezauste Bäume; Kinder, die an der Balustrade spielen, plaudernde Frauen aus dem Volk, Männer, die ins Gebet versunken sind, und andere, die wild gestikulieren. Die räumliche Anordnung erinnert an Tiepolo, man hat jedoch den Eindruck, als ob das menschliche Elend ins sublime Blau Tiepolos hineinprojiziert worden wäre. Ein praktischer Hinweis: Nehmen Sie ein Fernglas mit.

Vor der Kapelle, auf der linken Seite, nur wenige Schritte entfernt, befindet sich eine alte *fonda,* beziehungsweise ein volkstümliches Gasthaus. Man isst an rauhen Holztischen ohne Tischtuch, auf denen die Gläser, die Jahr für Jahr hier abgestellt worden sind, unzählige Abdrücke hinterlassen haben. Hier kommen viele Madrider Familien mit Kindern her, es herrscht eine fröhliche Atmosphäre und ein sympathisches Durcheinander. Man trinkt einen hervorragenden Apfelwein, den der Wirt direkt aus dem Fass abzapft. Man fühlt sich wohl.

Als Philipp II. von Spanien Juan Bautista de Toledo und Juan de Herrera den Auftrag gab, den Plan des Königspalastes und des Klosters des Escorial zu zeichnen, hat er angeblich gesagt: »Baut mir ein Gebäude, aufgrund dessen die Nachwelt sagen wird, wir seien verrückt gewesen.«

Im Gegensatz zu den wahren Verrückten, von denen es in der Geschichte nur so wimmelt, und die versucht haben, ein Zeugnis ihres Wahns auf den Marmorsteinen der Gebäude zu hinterlassen, wusste Philipp, der seinem Vater Karl V. auf den Thron gefolgt war (dieser hatte sich frühzeitig ins Kloster Yuste zurückgezogen), sehr gut, dass er der Größe Spaniens ein »Denkmal« setzen musste (immerhin ging in seinem Reich nie die Sonne unter: Er war König von Spanien und Westindien, Neapel, Sizilien, Mailand und der Niederlande), ein Denkmal, das ein unüberwindliches Bollwerk gegen die protestantische Reformation darstellen sollte. Sagen wir, er hatte aus verständlichen Gründen die Pflicht, größenwahnsinnig zu sein, und war sich seines Größenwahns völlig bewusst. Wie es in einem Sprichwort der Zigeuner heißt, zeugt die Behauptung, verrückt zu sein, von großer Schlauheit.

Der Escorial befindet sich ungefähr fünfzig Kilometer außerhalb von Madrid, an der Küste vor der Sierra del Guadarrama, oberhalb des lieblichen Tals San Lorenzo dell'Escorial, das sich im Verlauf der Jahrhunderte rundherum gebildet hat. Von Madrid aus ist der Escorial einfach mit dem Zug zu erreichen. Dieser Ort ist der ideale »buen retiro« für den Reisenden, der sich vom Stress in der Stadt erholen möchte: erhabene Wälder, Gebäude von nüchterner Eleganz, mit Schieferdächern wie in den Alpen (im Winter schneit es viel), Plätze, auf denen Kinder spielen und Leute sich zum Tratschen treffen. Von außen gesehen wirkt das strenge, kolossale Gebäude düster (es ist auf dem Grundriss eines Gitterrosts erbaut, zur Erinnerung an das Martyrium des heiligen Laurenz, der auf dem Kohlenrost gegrillt wurde). Die wunderbaren Kunstwerke befinden sich im Innern, weshalb man ein Komplett-Ticket lösen sollte (es gibt auch ein Teil-ticket), um das ganze Kloster besichtigen zu können: die Basilika, die Kapitelsäle, das Pantheon, die Bibliothek und die Gemäldegalerie. Das Gebäude wurde 1584 vollendet, aber Philipp II. wollte sich persönlich um die Einrichtung kümmern, er hatte sich in sein »Wahnsinnswerk« vernarrt und hielt sich bis zu seinem Tod 1598 immer wieder lange hier auf.

Philipp herrschte über die ganze Welt, aber er liebte die Vielfalt der Kulturen: Das bezeugt die reich ausgestattete Bibliothek, die über mehr als vierzigtausend Bände verfügt, Manuskripte, Inkunabeln und Bände aus dem 16. Jahrhundert auf Griechisch, Hebräisch und Arabisch, darunter ein kostbarer verzierter Koran aus dem zehnten Jahrhundert. Die im Stil Michelangelos gehaltenen Fresken an der Decke stammen von Tibaldi, die im Gewölbe der Basilika und des Schlachtensaales von Cambiaso und Giordano. Aber die größten ästhetischen Genüsse erwarten Sie in der Gemälde-galerie: eine großartige *Himmelfahrt* von Veronese; der Engel hält eine Lilie in der Hand, die so groß ist wie eine Tanne.

Und ein Velázquez, der auf den ersten Blick wie ein Piero della Francesca aussieht, jedoch ein Velázquez in Reinform ist. Und dann ein Tizian. Ein Tizian, der so großartig ist (ein *Letztes Abendmahl*), dass man ihn nur mit dem Adjektiv »großartig« beschreiben kann. In einer der Kapellen befindet sich ein überraschendes Juwel: ein Gekreuzigter aus weißem Carraramarmor an einem Kreuz aus schwarzem Holz. Cellini schuf das Kruzifix ungefähr um 1560, mit der Absicht, es auf sein eigenes Grab in der Kirche Santissima Annunziata in Florenz legen zu lassen, aber ein Medicifürst, der es unbedingt dem König von Spanien schenken wollte, überredete ihn, es ihm zu verkaufen.

Um die Überdosis an Strenge und Erhabenheit auszugleichen, die der Besuch im Escorial unweigerlich mit sich bringt, kann ein Spaziergang ins darunterliegende Dorf sehr hilfreich sein. Und noch mehr ein Abendessen in einem der zahlreichen Gasthäuser auf dem Platz. Die Spezialität von Madrid und Umgebung sind *callos* (Kutteln): ein wunderbares Gegenmittel zum Erhabenen.

IM BASKENLAND,
UM DEN WIND ZU BETRACHTEN

Eduardo Chillida (San Sebastián, 1924–2002) ist nicht nur
einer der bedeutendsten spanischen Bildhauer des 20. Jahrhunderts, sondern ganz Europas. Wäre sein Knie nicht infolge einer Verletzung steif geworden, hätte er wahrscheinlich auch Karriere als Fußballspieler machen können (mit
zwanzig war er Stammtorwart der Real Sociedad, der gro
ßen Fußballmannschaft von San Sebastián). Manchmal erweisen sich die Widrigkeiten des Lebens als wahrer Segen.
Als Architekturstudent, der sich leidenschaftlich für Bildhauerei begeisterte, begann er mit den Händen zu arbeiten,
und anstatt Bälle abzuwehren, wurde er ein großer, weltberühmter Künstler.

   Mit vorgerücktem Alter zog er sich in ein Bauernhaus auf
dem Land um Hernani zurück, in der Nähe der Stadt, in der
er lebte und arbeitete, und restaurierte einen alten *baserrí*,
auf dessen Fassade sich ein wunderschönes Steinwappen
befindet (der *baserrí* ist das typische Herrenhaus, das zu den
baskischen Bauernhäusern mit Granitmauern und Walmdach gehört). Auf den Hügeln ringsherum legte er grüne Rasenflächen an, wo er seine monumentalen Skulpturen aus
Stahl, Alabaster und Granit aufstellte. Ein schöneres Geschenk als dieser in Erfüllung gegangene Lebenstraum kann
ein Künstler seinem Land nicht machen. Der Chillida-Leku
ist ein riesiges Freiluftmuseum, auch wenn das Wort Museum nicht wirklich zutrifft: Es ist vielmehr ein Raum, ein

Ort, an dem man umhergehen und sich aufhalten kann, wo Natur und Kunst eine Verbindung eingehen, deren Zauber den Besucher gefangennimmt. Der starke ästhetische Eindruck wird durch große Heiterkeit abgemildert: An diesem Ort werden die Menschengestalten kleiner, der Raum vergrößert sich, die Proportionen erfahren eine Wandlung, und wir geben die absurde Vorstellung auf, Herren dieser Erde zu sein. Die Farben flimmern: das Rot und das Grau der riesigen Skulpturen, das funkelnde Grün der Wiesen und das Dunkelgrün der jahrhundertealten Eichen, das Dunkelblau des Himmels. Die Bescheidenheit kriecht auf uns zu und fegt die Arroganz hinweg, mit der wir uns in den modernen Städten bewegen.

Nur wenige Kilometer entfernt liegt San Sebastián, das noch immer aussieht wie ein elegantes Seebad Anfang des 20. Jahrhunderts, mit seinem Filmfestival, seinen Jugendstilvillen, dem riesigen halbkreisförmigen Strand, den hervorragenden Restaurants (die baskische Küche ist für ihre Raffinesse bekannt), den schönsten Badeanstalten in ganz Europa (im La Perla bekommt man eine unvergleichliche Thalassotherapie). Nach dem großen Brand von 1813 wurde das historische Stadtzentrum von San Sebastián im neoklassischen Stil neu aufgebaut, wobei der mittelalterliche Grundriss beibehalten wurde. Das Stadtzentrum ist in zwei Gemeinden unterteilt: Die Bewohner des Viertels rund um die gotische Kirche Santa Maria nennen sich Joshemarittaras, und die der Pfarre Santa Maria werden Koxkeros genannt. Im Zentrum der Stadt befindet sich die monumentale Plaza de la Constitución (umgangssprachlich Costi genannt), wo früher einmal Stierkämpfe stattfanden.

Nicht entgehen lassen darf man sich das in Richtung des Urgull-Berges oberhalb der Stadt liegende San-Telmo-Museum, das großenteils der baskischen Kultur und ihrem faszinierenden und geheimnisvollen Ursprung gewidmet ist (Zauberamulette, merkwürdige Grabsteine, Musikinstrumente); eine wunderbare Kultur, die einem vom extremistischen Terror der ETA allerdings allmählich verleidet wird. Um die Legenden und die baskischen Traditionen noch besser genießen zu können, sollte man ein Buch von Bernardo Atxaga mitnehmen, einem der besten baskischen Schriftsteller und einem der bedeutendsten spanischen Schriftsteller überhaupt.

Und wenn man ans Meer zurückkehrt, etwa mit der alten Schwebeseilbahn, entdeckt man ein Stück vor dem Concha-Strand wieder den Bildhauer Chillida. In zwei gegenüberliegenden Felsen verankert neigen sich zwei gezackte Skulpturen in Richtung Horizont und laden ein, den Wind zu »betrachten«. Als Chillida die *Windkämme* schuf, die man nun am Atlantik bewundern kann, während einem die Gischt ins Gesicht schlägt, dachte er vielleicht, auch der Wind habe eine geometrische Form.

BARCELONA.
PLAÇA DEL DIAMANT

Wenn man als Tourist in Barcelona unterwegs ist und eine der Sehenswürdigkeiten der Stadt, den Parc Güell, besichtigen will, eine märchenhafte Parkanlage, die von Antoni Gaudí, dem genialen Jugendstilarchitekten gebaut wurde, dessen Raumbegriff mehr der Sphäre des Traumes verpflichtet zu sein scheint als den Euklidischen Gesetzen, kommt man unweigerlich an der Plaça del Diamant vorbei. Ein Besuch im Parc Güell lässt niemanden gleichgültig, denn dieser bizarre Park, eine Art Fantasygebilde der katalanischen Avantgarde vom Anfang des 20. Jahrhunderts, ist nicht weniger faszinierend als die anderen Bauten Gaudís, die Pedrera und die Kathedrale Sagrada Familia.

Die Gemeinde Gracia, ein kleiner volkstümlicher, handwerklich geprägter, für seine anarchistischen und republikanischen Tendenzen bekannter Bezirk, wurde Ende des 19. Jahrhunderts von der Stadt Barcelona eingemeindet. An seinen Ursprung erinnern die bescheidene Architektur und die volkstümliche, etwas heruntergekommene Stadtrandatmosphäre, obwohl wir uns hier im Herzen der außergewöhnlich vitalen Stadt befinden. Die Plaça del Diamant ist ein kleiner Platz mit einer etwas melancholischen und leicht dekadenten Atmosphäre, die auch nach der Renovierung erhalten geblieben ist.

Genau auf diesem Platz spielt der schönste Roman der bedeutendsten zeitgenössischen katalanischen Schriftstellerin, Mercè Rodoreda, der diesem Platz seinen Titel verdankt: *Auf der Plaça del Diamant* (1960), zweifellos einer der bedeutendsten europäischen Romane des 20. Jahrhunderts. Der Roman ist in alle großen europäischen Sprachen übersetzt worden, die hervorragende italienische Übersetzung stammt von Anna Maria Saludes i Amat und ist bei Bollati Boringhieri erschienen.

Obwohl Mercè Rodoreda bei der Kritik hoch geschätzt wird (das enthusiastische Vorwort stammt von García Márquez), ist die Schriftstellerin nach wie vor nur einem kleinen Grüppchen von Eingeweihten bekannt, einer Art Geheimbund, der in verschiedenen Ländern existiert. Aber warum soll man sich nicht als Geheimbund fühlen, in einer Welt, in der Bestseller die Norm sind? Vielleicht sind Sie ja gerade deshalb auf diesem kleinen Platz gelandet. Weil Sie aufgrund eines Zufalls (der manchmal die besten Entscheidungen hervorbringt) den Roman von Mercè Rodoreda bei sich haben. Der Roman wird in der ersten Person von der naiven Protagonistin Colometa (was wortwörtlich übersetzt Colombina heißen würde, aber ich belasse den Namen im Original, um keine Assoziationen an Goldoni zu wecken) erzählt wird, einer Frau, die die Dramen des Lebens und der Geschichte mit unfreiwilligem Heldenmut meistert. Es ist gewiss der ergreifendste Roman über die Grausamkeiten des Spanischen Bürgerkriegs, eben weil es den Spanischen Bürgerkrieg ja gegeben hat, jedoch niemals darüber gesprochen wird. Indem sie die »Kollateralschäden« beschreibt, die sich für das armselige Leben Colometas ergeben, gelingt es Mercè Rodoreda, die Monstrositäten des Krieges zu zeigen, ohne direkt darüber zu sprechen. Vielleicht haben Sie das Buch dabei, dann bietet es sich an, es auf einem der Bänke des Platzes oder aufs Neue zu lesen.

Auf der ersten Seite heißt es: »Als wir auf den Platz kamen, spielten die Musiker schon. Das Dach war mit Blumen und Papiergirlanden in allen Farben geschmückt: immer ein Streifen Blumen, ein Streifen Girlanden ... Zu Hause hatte ich mir mühselig mit einer Sicherheitsnadel, die immer steckenblieb, einen neuen Gummi in den Unterrock eingezogen und ihn mit einem kleinen Knopf und einer Schlinge befestigt; aber weil ich den Gummi so eng gemacht hatte, drückte er mich. Ich hatte bestimmt schon einen roten Striemen. Manchmal atmete ich tief ein, um das Band auszuweiten, aber sobald die Luft draußen war, begann die gleiche Qual von neuem. Die kleine Bühne, auf der die Musiker standen, war mit Asparagussträuchern umgeben, und an den Pflanzen waren mit dünnem Draht kleine Papierblumen festgeklemmt. Und die Musiker verschwitzt und in Hemdsärmeln. Meine Mutter schon seit Jahren tot und kann mir nicht beistehen, und mein Vater mit einer anderen verheiratet. Mein Vater, mit einer anderen verheiratet und ich ohne Mutter, die nur dafür gelebt hatte, mich zu umsorgen. Und mein Vater verheiratet, und ich, ein junges Ding, allein auf der Plaça del Diamant, in der Hoffnung, dass die Kaffeekannen verlost würden, und Julieta, die mir mit lauter Stimme, um die Musik zu übertönen, zurief, setz dich nicht hin, sonst zerknitterst du dein Kleid!, und vor den Augen all die wie Blumen aufgemachten Glühbirnen und die Girlanden, mit Kleister aus Wasser und Mehl zusammengepappt, und alle sind zufrieden, und dann eine Stimme an meinem Ohr, die mir sagt, wollen wir tanzen?«

SOLOTHURN,
KLEINE KOSMOPOLITISCHE STADT

Schweizerische Eidgenossenschaft, Kanton Bern, nicht weit entfernt von der Drei-Seen-Region: Solothurn, Soleure auf Französisch und Soletta auf Italienisch, die schönste Barockstadt der Schweiz. Sie wurde von Kelten gegründet und nach der Reformation wieder katholisch, später residierte hier die französische Botschaft. Das elegante Stadtbild verdankt sich dem aufgeklärten französischen Klassizismus und dem Barock der Jesuiten – eine Mischung, die ideologisch überhaupt nicht zusammenpasst, aber zu herausragenden ästhetischen Ergebnissen geführt hat.

Das historische Stadtzentrum, das am linken Ufer des friedlichen Flusses Aare liegt, wird von der Kreuzacker Brücke mit dem neuen Teil der Stadt verbunden. Dort befindet sich auch der Bahnhof, und dort sollte man auch ankommen. (Die Straßen der Schweiz können manchmal eine Qual sein, aber die Züge sind immer sehr angenehm.) Sobald man aus dem Zug ausgestiegen ist und die nur wenige Hunderte Meter entfernte Brücke überquert hat, die ein Segen ist, hat man Neu-Solothurn auch schon vergessen.

Als erstes Gebäude der kleinen, aber kosmopolitischen und mehrsprachigen Stadt (Deutsch ist die vorherrschende Sprache, Französisch wird viel, Italienisch ein bisschen weniger gesprochen) begegnet einem die St. Ursen Kathedrale, die trotz des beispielhaften klassizistischen Stils, der in allen Touristenführern erwähnt wird, den kecken Einfluss des italienischen Barocks nicht verleugnen kann. Abgesehen von den schönen verzierten Springbrunnen kann man hier die Statuen der Schutzheiligen der Stadt, Ursus und Victor bewundern: zwei christliche Märtyrer, die in Solothurn starben, als die Römer hier ihr Lager aufschlugen. Aber die wahren Sehenswürdigkeiten Solothurns befinden sich unten in der Stadt: das Rathaus, das so barock ist, dass es fast schon manieristisch wirkt, die Jesuitenkirche, und schließlich der Zytgloggeturm. Die beeindruckende astrologische Uhr, die aus dem Jahr 1545 stammt und aus der zu jeder vollen Stunde die Figuren der menschlichen Lebensalter auftauchen, scheint sich über das dumme Klischee zu mokieren, wonach die Schweiz in tausend Jahren Geschichte nur die Kuckucksuhr erfunden hat: abgesehen von einer beneidenswerten Demokratie, die wie ein Uhrwerk funktioniert, werden in der Schweiz, einem hoch technisierten Land, bekannterweise die besten Uhren der Welt hergestellt, und einige bekannte Uhrenhersteller haben ihren Sitz genau in Solothurn. Wo es jedoch nicht nur Uhren, sondern auch eine sehr lebendige Kultur gibt.

Bevor man mit der Besichtigung der Stadt beginnt, sollte man sich kurz der materiellen Kultur zuwenden, die, wie Remo Ceserani und Lidia De Federicis *(Il materiale e l'immaginario)* behaupten, das Imaginäre kompensieren. Man sollte zum Beispiel im Restaurant des Hotel Krone zu Mittag essen, wo es eine hervorragende Mandelforelle gibt. Dann kann man einen Streifzug durch die Buchhandlungen machen, die neuen und die antiquarischen, durch die Kunstgalerien, wie es sie früher auch in Mailand gab, das Theater und das Marionettentheater besichtigen, und wenn gerade

Saison ist, kann man auch die jährlich stattfindenden Literatur- und Kinofestivals besuchen.

In den sechziger Jahren hatten die italienischen Neoavantgardisten die wohlmeinende Absicht, uns zu entprovinzialisieren, und schickten uns nach Chiasso. Eigentlich hätten sie ein paar Kilometer weiter gehen und uns nach Solothurn schicken sollen. Da Solothurn nicht an der Grenze liegt, ist es überhaupt nicht laut (*chiassoso*), sondern, wie ja der Name schon sagt, ruhig und abgeschieden, aber viel kosmopolitischer. Und wenn man am Folgetag keine Lust hat, wie in dem schönen Roman von Giovanni Orelli, *Gli occhiali di Gionata Leroliefff* (Die Brille des Gionata Leroliefff), eine lange Reise nach Lugano zu unternehmen (elegante, abseits gelegene Orte können bekanntermaßen sehr langweilig sein), kann man ein Schiff besteigen, das auf der Aare nach Biel fährt (manche halten die Stadt, die auf Französisch Bienne heißt, für noch charmanter als Solothurn). Es ist der Geburtsort von Robert Walser, einem der großen europäischen Schriftsteller des 20. Jahrhunderts, der erst jetzt allmählich den Erfolg hat, den er verdient. Er fuhr oft von Biel nach Solothurn, das er für charmanter als Biel hielt.

Baudelaire hat geschrieben, das Leben sei wie ein Krankenhaus, in dem jeder das Bett wechseln möchte: der, der in der Nähe des Ofens liegt, glaubt, neben dem Fenster schneller gesund zu werden, und der, dessen Bett neben dem Fenster steht, denkt, neben dem Ofen schneller zu genesen.

Vielleicht ist es eine gute Idee, nach Biel zu fahren.

Im Kreis Maramures, in der Karpatenregion in Nordwesten
Rumäniens, stehen alte, von der UNESCO zum Weltkulturerbe ernannte Kirchen. Strenger als die Klöster in der Buko-
wina (die ebenfalls Weltkulturerbe sind), mit außergewöhnlichen Fresken an den Außenwänden, erinnern die Holzkir-
chen mit den spitzen Glockentürmen und den vorstehenden
Dächern an fernöstliche Pagoden. Alles hier ist aus Holz. Die
Gebäude, die Wirtshäuser und jedes Werkzeug. Aus Eichen-
und Buchenholz, das aus den Wäldern stammt, die zu den
schönsten in ganz Europa gehören.

In der abgelegenen Region Maramures, wo die Menschen
der strengen rumänisch-orthodoxen Kirche angehören und
an Festtagen in der Kirche und auf dem Markt noch stolz
die traditionelle Tracht tragen, befindet sich in Sapanza das
älteste aus Holz gebaute Kloster (1393) von ganz Rumänien,
lange war es eine Kultstätte und nun ist es eine Touristen-
attraktion. Das ursprüngliche Gebäude befand sich nicht
weit entfernt von hier, in Peri (das heute in der Ukraine liegt,
wir befinden uns direkt an der Grenze), und war bereits ein
bedeutendes Klosterzentrum, bevor es vom Patriarchen von
Konstantinopel zum Erzbischoftum erhoben wurde. Die alten Mönche haben als Erste Bibelpsalme und Apostelakten
ins Rumänische übersetzt und gedruckt, denn abgesehen
von einer Schule, in der Theologie und Musik gelehrt wurden, gab es hier auch eine bedeutende Druckerei. Das Kloster, das später nach Sapanza verlegt und als Bischofssitz neu

aufgebaut wurde, hat seine traditionellen kulturellen, religiösen und musikalischen Aktivitäten wieder aufgenommen,
und an Feiertagen hört man die liturgischen Gesänge der
kinderhellen Stimmen. (Es ist ein Frauenkloster, und die
Nonnen weben auch Teppiche und stellen Holzgegenstände
her.)

Der architektonische Komplex inmitten der Hügel, hinter denen man die Karpaten erblickt, beeindruckt aufgrund
der Eleganz der Gebäude und ihrer harmonischen Anordnung: rechts, neben dem Eingangstor, die Kirche mit dem
spitzen Glockenturm, von wo aus man einen schönen Ausblick genießen kann, links und rechts davon die Kloster-
gebäude, die neueren davon aus Stein, mit raffinierten geschnitzten Fensterrahmen verziert. Und in der Mitte des
kreisförmigen Platzes ein riesiger Kiosk, wo die Nonnen den
Pilgern und Besuchern nach dem Gottesdienst Körbe mit
Blumen und Speisen anbieten, die in rot gesäumte Leinen-
tücher eingepackt sind (und wenn Sie in der orthodoxen
Osterwoche kommen, gibt es auch die traditionellen hand-
bemalten Eier).

In Maramures scheint man den Tod mit einer Gelassen-
heit hinzunehmen, die einen gewissen Humor voraussetzt
(nicht umsonst ist Rumänien die Heimat von Tristan Tzara
und Ionesco). In Sapanza befindet sich einer der fröhlichs-
ten Friedhöfe, die ich in meinem Leben gesehen habe (der
andere liegt in den Anden in Peru). Ein ansässiger Holzschnitzer, Ion Stan Patras, der außerdem ein Volksdichter
und naiver Maler war, begann in den dreißiger Jahren des
20. Jahrhunderts Holzkreuze für die Bewohner des Dorfes
zu tischlern, mit breitem Sockel, auf dem sich jeweils ein

in leuchtenden Farben gemaltes Bild des Toten befand, das ihn bei der Ausübung seines Berufes darstellte (zum Beispiel eine Frau am Webstuhl, ein harkender Bauer, ein Arzt, ein Orchestermusiker, usw.). Die Menschen, die ihr zukünftiges Grab »in Auftrag gaben«, verband ein geheimer Pakt mit dem Holzschnitzer, dessen Arbeit nach seinem Tod von einem anderen Holzschnitzer, Dumitru Pop, fortgesetzt wurde. In einem versiegelten Kuvert überreichte der Auftraggeber dem Künstler die Kurzfassung seines Lebens.

Der Briefträger, der ein paar Briefe verloren hat, entschuldigt sich hier zum Beispiel so: Die Gastwirtschaft war zu verlockend, der Schnaps in der Gegend zu gut, und er hofft, man möge ihn verstehen und ihm verzeihen. Der über jeden Verdacht erhabene Gemeindebeamte gesteht, sich in der Nachbarstadt von einem Lokal mit leichtlebigen Mädchen angelockt haben zu lassen. Und die Frau des Beamten gibt zu, dass sie sich an den traurigen Abenden, an denen ihr Ehemann berufliche Pflichten vorschützte, tröstete, indem sie einen Jugendfreund zum Kaffee einlud, der ihr auch im reifen Alter noch ein guter Freund war. Wie das Leben eben so spielt.

Ein Anti-*Spoon-River*, das sich anders als das Gedicht des amerikanischen Autors Edgar Lee Masters nicht auf die griechische Tragödie bezieht, sondern sich auf die kleine alltägliche Komödie beschränkt, die Teil des Lebens ist. Und die nicht ganz frei von Melancholie ist, denn eines haben alle auf den bunten Holzkreuzen dargestellten Lebensläufe gemeinsam, der des bescheidenen Kutschers und der des privilegierten Staatsbeamten: Jeder hätte gern ein anderes Leben gelebt. Schade, dass man nur eines hat.

Am Anfang meiner Liebe zu Kreta stand das riesige Bild
eines hundertjährigen Olivenbaumes, der von einem Rau-
penfahrzeug entwurzelt wird. 1988, Athen, im Büro von
Stavros Petsopoulos, meines griechischen Verlegers. Ich befand mich in Gesellschaft meines Freundes Anteos Chrisostomidis. Das riesige Poster mit dem Baum war mit Klebe-
band an der Wand befestigt, hinter Stavros' Schreibtisch.
Ich betrachtete es mit aufgerissenen Augen und fragte meine
Freunde, was es zu bedeuten habe. Hier eine Kurzfassung
ihrer Erklärung: Die genialen Volkswirte der EU waren zu
dem Schluss gekommen, Griechenland produziere zu viel
(übrigens hervorragendes) Öl und könne deshalb auf dem
Markt nicht mit dem spanischen und dem italienischen
Öl konkurrieren. Denn die große Menge des produzierten
Öls senke die Preise. Und ein niedriger Preis komme zwar
den Konsumenten zugute, »begünstige« aber nicht die Wirt-
schaft. So waren sie auf die großartige Idee gekommen,
den Bauern Geld anzubieten, damit sie Olivenbäume fällten und stattdessen Kiwiplantagen anlegten. Kiwis gingen
scheinbar gut auf dem europäischen Markt. Aber das war
natürlich kein Vorschlag, sondern eine Erpressung. Die griechischen Bauern, vor allem in gewissen Teilen des Pelopon-
nes und des Epirus sind arm, und Geld ist ein hervorragendes Mittel, jemanden zu überzeugen. Stavros erzählte mir, er
habe gesehen, wie ein alter Mann heulte, als seine Söhne die
Olivenbäume fällten. Intellektuelle schlossen sich zu einem

Protestaufruf gegen die Dummheit der Bürokraten in Brüssel zusammen. Wenn ich einen Beitrag leisten wollte, käme ein Artikel von mir sicher nicht ungelegen.

Sobald ich wieder im Hotel war, schrieb ich einen Artikel. Anteos übersetzte ihn und veröffentlichte ihn in »Ta Nea«, der größten griechischen Tageszeitung. Es fiel mir nicht sehr schwer, von der Bedeutung des Olivenbaumes (und des Öls) in unserer Kultur zu erzählen: angefangen beim biblischen Symbol der Taube, die nach der Sintflut mit dem Olivenzweig im Schnabel zu Athene zurückkehrt, die, bevor sie das Pantheon erbaute, dort einen Olivenbaum pflanzte, über das aus dem Stamm eines Olivenbaums geschnitzte Ehebett von Odysseus und Penelope, bis zu hin zu Christus, der vom Herrn gesalbt wurde, usw. Meine Schlussfolgerung war etwas perfide: Ich sei zwar Atheist und deshalb beträfe mich das Problem nicht direkt, aber viele meiner griechischen Freunde seien gläubige Christen, und ich stellte mir den traurigen Augenblick ihres Todes vor, wenn sie auf die letzte Ölung warteten und sehen mussten, wie der Pope Kiwisaft anstelle des Heiligen Öls brachte. Der Artikel erschien auch als letzter Text in dem schönen, 1999 erschienenen Buch von Anteos Chrisostomidis, *Ena pukamiso ghemato likedes*, in dem die Gespräche versammelt sind, die er mit mir geführt hat. Griechenland hatte derweil die Schlacht gewonnen: Die Volkswirte in Brüssel verzichteten darauf, Olivenbäume durch Kiwis zu ersetzen. Ein paar Monate später erhielt ich einen Brief. Er kam aus Chania, Kreta. Er war auf Italienisch geschrieben, mit Ioanna Koutsoudaki unterzeichnet. Darin stand, dass sich in Kreta die ältesten Olivenbäume des Mittelmeerraumes befänden und dass manche sogar noch aus der Zeit der Venezianer stammten; sie würde sie mir gern zeigen, weshalb sie und ihre Schwester Rena mich und meine Frau einluden, sie jederzeit in ihrem alten Elternhaus, das inzwischen ein kleines Hotel war, zu besuchen – für uns wäre immer ein Zimmer frei. Zum ersten Mal fuhren wir 2000 hin, und inzwischen kehren wir jedes Jahr dorthin zurück. Kreta ist die Schlussetappe, der Zielhafen der Griechenlandreise, die Maria José und ich wie ein Ritual Jahr für Jahr unternehmen. Ioanna gehört mittlerweile zu unseren besten Freunden, meine griechischen Freunde sind auch ihre Freunde geworden, und wir treffen uns immer alle auf Kreta. Hier unterhalten wir uns über Anghelopulos' letzten Film. Und hier unterhalten wir uns darüber, wer der bessere der beiden im Grunde nicht zu vergleichenden Dichter ist: Was ist schöner, die »Lobgesänge« von Elitis oder die »Mythologie« von Seferis? Und dabei essen wir Kalizounia und trinken Raki. Kreta als platonisches Symposion (was kann man mehr von einer Insel verlangen?). Ein Symposion, dessen Anlass Olivenbäume waren.

Ich kenne alle Olivenhaine von Kreta. Und die ältesten Olivenbäume, von denen ich Dutzende Fotos besitze. Wir haben sie an den abgelegensten Stellen im Inneren der Insel gesucht, in den Tälern oder auf den Bergen, wo Kreta authentischer und unberührter ist, noch nicht von einem zuweilen katastrophalen Tourismus zerstört. Und Ioanna und ihr Neffe Michalis Virvidakis, der in Chania ein kleines Theater betreibt, wo man einen hervorragenden Beckett oder Stücke einheimischer Dichter sehen kann, haben gemeinsam mit ein paar Freunden aus Kreta wie Antonis und Zampia Gheorgoulakis dafür gesorgt, dass ich die abgelegenen

Dörfer im Landesinneren kennengelernt habe, wo ich mich inzwischen wie zu Hause fühle. In vielen Dörfern gibt es Gesichter, die ich kenne, und die mich begrüßen: »Ti kànete?« Wie geht's?

Die Schlacht von Kreta 1941 leitete den Untergang von Hitlers Heer ein. Die Nazis hatten Kreta eingenommen und Fallschirmspringer mit Maschinengewehren geschickt. Als die Pelotons von Hitlers Übermenschen die Schluchten durchquerten, gingen die Kreter mit Hippen auf sie los und machten sie zunichte.

ZWISCHEN KRÄUTERN
UND BERGEN

Die meisten, wenn auch nicht alle Touristen fahren wegen der Strände nach Kreta.

Aber man kann auch wegen der Berge hinfahren, denn Kreta ist ein riesiges Gebirge, beziehungsweise eine Ansammlung von Bergen jeder Art und Höhe: unwegsame Höhen, danteske Schluchten, majestätische Hochebenen, sanfte, von riesigen Olivenhainen bedeckte Hügel. Und während einige Küstenstriche trotz des wunderschönen Meeres von hässlichen Touristenburgen verschandelt wurden, überleben in den Dörfern im Landesinneren die Architektur, die Bräuche, die Gewohnheiten und die Speisen der alten mediterranen Kultur, die sich hier stolz behauptet. Vor allem aber die Xenophilie (wortwörtlich die »Liebe zum Fremden«, das genaue Gegenteil der Xenophobie, die heutzutage in Italien so weit verbreitet ist).

In hervorragenden Reiseführern kann man nachlesen, dass Kreta den größten Reichtum an Pflanzen, Kräutern und Blumen in ganz Europa besitzt. Sie werden auf ganz verschiedene Art und Weise, meistens jedoch zur Herstellung von Arzneien verwendet, tatsächlich fanden sie bereits im Rahmen der antiken Arzneikunst Verwendung, die auf Hippokrates und Theophrast zurückgeht, und die Galen mit seinen Studien zur Flora später in eine wahre Heilkunst verwandelte. Wenn Sie sich für Kräuter interessieren, ist Kreta der ideale Ort für Sie. Um die seltensten zu finden, muss man sich natürlich ein wenig anstrengen, denn sie wachsen in Spalten, Schluchten oder auf sehr steilen Hängen. Ein ortsansässiger Dichter, Spiridonos Zambeliou vergleicht die Freiheit mit Wildpflanzen. »Die Freiheit wächst / in den Spalten der Gebirge / wie Laudanum auf Milipotamos oder Diptam auf Idis.« Wer jedoch nicht genug Kraft oder Lust hat, die unwegsamsten Stellen aufzusuchen, kann sich auf die Freundlichkeit der Dorfbewohner verlassen. Im Kaffeehaus um die Ecke, dem unvermeidlichen *cafenío,* sagt man Ihnen, wo Sie die gewünschten Kräuter kaufen können.

Zum Beispiel Borretsch, den man in Kreta als das »Kraut der Melancholiker« bezeichnet. Borretsch ist eine Schmarotzerpflanze mit kleinen dunkelbauen Blütenblättern. Der aus ihr gewonnene Tee wird seit der Antike als Mittel gegen Depressionen eingenommen. Schon Dioscorides und Galen empfahlen sie, doch lange galt sie als Placebo. Wissenschaftler haben vor kurzem herausgefunden, dass die Pflanze Gamma-Linolensäure enthält, die sich günstig auf Herzkreislaufkrankheiten auswirkt und zugleich eine beruhigende und belebende Wirkung hat; von den Pharmafirmen wird sie synthetisch erzeugt, um damit herkömmliche Antidepressiva herzustellen. Eine andere Pflanze, die nicht leicht zu finden ist, ist Diptam. Ein Umschlag aus gekochten, zwischen zwei Mullbinden gequetschten Blättern wird gegen geschwollene Beine und Krampfadern verwendet. Aber offenbar hat die Pflanze auch noch andere Eigenschaften: In Kreta ist sie unter dem Namen *Fito tou erota* (Liebeskraut) bekannt und es wird ihr eine interessante Wirkung zugesprochen. Anders als das typische »Aphrodisiakum«, das heutzutage sogar im Supermarkt verkauft wird und Wunder verspricht, verhindert Diptam, wie gewisse erst vor kurzem entdeckte chemische Arzneistoffe, den raschen Rückfluss des Blutes aus dem betroffenen Organ. Thymian, Salbei, Lorbeer, Rosmarin, Oregano, Fenchel, Safran sind allseits bekannt. Aber die in Kreta wild wachsenden Formen dieser Kräuter haben ein überraschendes Aroma. Über dem therapeutischen Nutzen sollte man allerdings nicht den gastronomischen vergessen, der ja ebenfalls Heilkraft besitzt. *Pita*, ein mit wildem Fenchel und frischem Käse gefülltes und mit Honig beträufeltes Fladenbrot, ist ein köstliches Gericht. *Horta stamnaghathi,* Gebirgskräuter, die nur zwischen Disteln wachsen und einen intensiven bitteren Geschmack haben, schmecken hervorragend, wenn sie mit Öl und Zitronensaft mariniert und mit *paximanthia* gegessen werden (einem dunklen, mit Öl und Anis gewürzten Brot). Und schließlich ein ungewöhnliches Dessert: eine Torte aus zerriebenen und mit Mandelpaste vermischten Mohnblütenblättern.

In welchen Dörfern findet man diese Pflanzen am ehesten? Kreta ist eine riesige Insel, es hängt also davon ab, wo man sich gerade aufhält. Hinter Chania liegt das winzige Dorf Lakki, in der Nähe der Vryssischlucht, mitten im Grünen. Im Landesinneren in südwestlicher Richtung liegt Kandano, hier haben die Nazis ein Blutbad angerichtet, das dem in Sant'Anna di Stazzema in nichts nachsteht. Im Osten, auf der Hochebene von Handras, liegen die Dörfer Ziros und Armeni, wo es noch Windmühlen gibt. Und wenn Sie an Archäologie genauso interessiert sind wie an Botanik, können Sie auch die Höhlen mit den minoischen Gräbern besichtigen, die sich nur ein paar Kilometer entfernt befinden. Hier finden Sie alle möglichen Pflanzen und Kräuter. Und die Mutigsten können schließlich auch noch den Psiloritis (2446 m) besteigen, wo es seltene Blumen gibt, die Sie vielleicht noch nie gesehen haben.

Ohne Wasser wachsen keine Pflanzen. Die Berge Kretas sind von außergewöhnlich klaren Bächen durchzogen, das Wasser fließt über glatte Steine oder in Flussbetten, in denen Kresse wächst, kühl und erfrischend. Es ist eine Wohltat, es zu trinken, und eine Wonne, darin zu baden. Die Kreter wissen, dass das Wasser magisch ist und nie aufhört zu fließen: Deshalb sagt der Volksmund: »In der Nacht schläft das Wasser in den Flüssen und Quellen für eine Stunde. Wer es zu dieser Uhrzeit trinken möchte, muss es sanft mit der Hand aufwecken, sonst wird es böse und raubt einem den Verstand.«

EIN MITTELDING ZWISCHEN
GRAND CANYON UND
SIXTINISCHER KAPELLE

Nach Kappadokien führte uns die Kraft eines Satzes, sonst
wäre das Ende unserer Reise Ankara gewesen, wohin wir von
Istanbul extra gefahren waren, um ein Museum zu besichtigen.

Letzter Abend in Istanbul, ein Abendessen bei Freunden.
Unter den Gästen befand sich unerwarteterweise eine Bekannte. Halb Amerikanerin, halb Florentinerin, Mathe-
matikdozentin in New York, war sie seit einem Jahr *visiting
professor* an der Universität Istanbul und in dieser Zeit kreuz
und quer durch die Türkei gereist. Vielleicht ist sie in ihrer Eigenschaft als Mathematikerin zu gedanklichen Kurz-
schlüssen fähig, die über die gewöhnliche Logik hinausgehen. »Kappadokien? Ein Mittelding aus Grand Canyon und
Sixtinischer Kapelle«, sagte sie. So einer Definition kann
man sich nicht entziehen.

Das Museum für anatolische Zivilisationen, das in Ankara, der ersten Etappe unserer Reise, auf dem Programm
stand, besuchten wir vielleicht auch aus dem Grund, weil
ich immer den Verdacht gehegt hatte, die Hethiter seien
eine Phantasie meines alten Gymnasialprofessors gewesen,
und ich mir von diesem Museum deshalb entweder eine Be-
stätigung oder ein Dementi erwartete. Mein Professor hatte
recht: Die Hethiter, die für mich den Namen eines imagi-
nären Fisches trugen, gab es wirklich, und das Museum der

anatolischen Zivilisationen mit seinen wunderbaren kleinen Statuen, die aus dem Bauch der Zeit zu stammen scheinen, sind der eindeutige Beweis dafür.

Die Flüge nach Kappadokien waren auf drei Tage ausgebucht, also mietete ich ein Auto. Und nach einer nicht gerade bequemen Reise über ein paar hundert Kilometer kamen wir am Abend in Ürgüp an, der bedeutendsten Stadt in dieser Landschaft, die aus vom Wind erodierten und von Menschen bemalten Bergen besteht. Im Inneren der vom Wetter ausgehöhlten Tuffsteinformationen (die aus Asche, Lava und Schlamm entstanden sind, es handelt sich um Vulkangestein) und der Mondlandschaft, die aus hohen, als »Feenkamine« bezeichneten Kalkpilzen besteht (Pasolini drehte hier seine *Medea*), verbergen sich Kirchen und Kapellen, die mit außergewöhnlichen byzantinischen Fresken geschmückt sind. Diese mit Weizenspeichern, Ställen, Küchen, Lüftungsschächten, riesigen Versammlungsräumen und Schlafsälen ausgestatteten, in den Stein gehauenen Städte (die berühmtesten sind Özkonak, Tatların, Kaymaklı; hierher flüchteten die Christen im siebten Jahrhundert vor Verfolgungen, hier fanden sie Schutz vor den türkischen Invasoren und dem Konflikt mit dem bilderstürmerischen Byzanz), sind ein überwältigender Beweis für die Widerstandskraft und Anpassungsfähigkeit des Menschen.

Es ist nicht immer einfach, in diese unterirdischen Labyrinthe vorzudringen. Hin und wieder muss man auf allen vieren oder zumindest in unbequemer Haltung durch lange unterirdische Gänge kriechen, und wer unter Klaustrophobie leidet, sollte lieber dem Kloster Eskigümüs einen Besuch abstatten, wo die byzantinischen Fresken, die nie renoviert wurden, erstaunlich gut erhalten sind. Oder er sollte ins Freiluftmuseum Göreme gehen, eine Klosteranlage mit Felsenkirchen und -kapellen, in denen sich außergewöhnliche Fresken befinden – eine der berühmtesten Ausgrabungsstätten der Türkei. In besonderer Weise erinnere ich mich an eine kleine Kirche (deren Namen ich leider vergessen habe, ich habe ihn auch nicht in meinem Reisetagebuch eingetragen), mit der Darstellung der Hölle, wo die Verdammten von sich windenden Schlangen umgeben sind (ich erinnere mich ganz genau an die wundersamen und surrealen Schlangen, die Verdammten hingegen sahen alle gleich aus).

In Ürgüp quartieren wir uns in der Esbelli Evi Pension ein, einem winzigen Höhlenkloster mit sechs oder sieben Zimmern, das vor einigen Jahren von einem jungen türkischen Anwalt in ein Boutiquehotel umgewandelt wurde. Ich glaube, er hat in letzter Zeit viele Nachahmer gefunden, die ihm allerdings nicht das Wasser reichen können. Die Zimmer sind mit antiken, vom Besitzer selbst ausgewählten Möbeln ausgestattet, die Einrichtung ist elegant, aber nicht versnobt, die Teppiche (darunter einige alte Erbstücke) sind wunderschön, ein paar Stufen führen auf eine kleine private Terrasse mit einem traumhaften Ausblick hinauf. In jedem Zimmer finden sich ein Dutzend hervorragender Bücher in verschiedenen Sprachen, und das gemeinsame Wohnzimmer ist mit einer beeindruckenden Tonbandsammlung ausgestattet (der Besitzer hat einen ausgesuchten Musikgeschmack). Außerdem (was für ein unglaubliches Glück) trafen wir hier eine Harfenistin, die sich für gewöhnlich vor ihren Konzerten zum Üben hierher zurückzieht. Sie spielte im Abendlicht, auf einem kleinen Kelim kniend, ihre Hände schienen in der Luft zu tanzen.

Maria José erinnerte sich an einen Vers Pessoas und sagte ihn in einer Sprache auf, die die Musikerin verstand: »Ach, Harfenspielerin, könnte ich doch deine Bewegungen küssen, ohne deine Hände zu küssen.« Und sie spielte ein kleines Konzert nur für uns.

KAIRO.
EIN NOBELPREISTRÄGER,
EIN KAFFEEHAUS

Kairo, eine überfüllte und chaotische Metropole, die von erdrückendem Verkehr und ständigem Lärm beherrscht wird, sollte man nicht als Individualtourist besuchen, sondern nur mit der Unterstützung eines guten Reisebüros (am besten eines Ägyptenspezialisten); aber mit ein wenig Eigeninitiative und Abenteuergeist ist es durchaus zu schaffen. Trotz der Widrigkeiten, auf die man in jeder Metropole stößt, ist Kairo übrigens eine äußerst faszinierende Stadt, und seine Bewohner sind (wie alle Ägypter) äußerst höflich und zuvorkommend. Viele Reiseanbieter, die nichts Besseres zu tun haben, als die Touristen in den märchenhaften Süden, nach Luxor und Assuan zu lotsen, halten sich nur kurz in Kairo auf, gewissermaßen auf der Durchreise nach der obligaten Besichtigung der Pyramiden von Gizeh und des (übrigens außergewöhnlichen) ägyptischen Museums. Aber Kairo hat mehr als einen schnellen Zwischenstopp verdient: Schon nach wenigen Tagen fühlt man sich hier zu Hause und kann der Faszination nicht länger widerstehen.

Die riesige Stadt setzt sich aus vielen kleinen Städten zusammen: Da ist einmal Heliopolis, das prachtvolle Wohnviertel mit Parks und extravaganten Villen, die Anfang des 20. Jahrhunderts entstanden sind; die koptische Stadt mit ihren byzantinischen Kirchen und einem Museum, für dessen Besichtigung man einen ganzen Tag reservieren sollte;

die gespenstische Totenstadt, wo die Obdachlosen die Grabdenkmäler des alten Friedhofes in Wohnungen umgewandelt haben. Dann das noble Zamalek am Ufer des Nils mit
seinen Luxusherbergen und eleganten Antiquariaten, und
natürlich das islamische Kairo im Herzen der Stadt, wo sich
die schönsten Moscheen befinden und wo der riesige Suk
(einer der schönsten des Nahen Ostens) ein eigenes Viertel
bildet: ein Markt, ein Geschäftsviertel, wo das alltägliche
Leben stattfindet.

Das ist das Viertel von Nagib Machfus, der 1988 den Nobelpreis für Literatur erhalten hat. Hier spielen seine wichtigsten Romane, die sogenannte Kairoer Trilogie, deren Titel
sich auf die Hauptstraßen des islamischen Viertels beziehen:
Bain-el-Qasrain (Zwischen den Palästen), *Qasr Esh-Shawq*
(Der Palast der Sehnsucht) *und As-Sukkariyya* (Das Zuckergässchen). Machfus ist ein Autor von epischer Breite, ihm ist
es gelungen, den episodischen Charakter der traditionellen
ägyptischen Literatur mit dem westlichen Realismus zu ver-
binden. Einem Realismus allerdings, der immer einen magischen Beigeschmack hat, die Waage zwischen dem Wirklichen und dem Möglichen hält, und ein wenig an Zavattinis
I poveri sono matti (1937) oder an den Film *Das Wunder von
Mailand* erinnert, für den Zavattini das Drehbuch schrieb,
und wo er ebenfalls einen liebevollen Blick auf das alltägliche Leben der kleinen Leute seiner Heimatstadt wirft.
Machfus' Trilogie ist eine Familiensaga, in der der Zerfall der
traditionellen Gesellschaft dargestellt und anhand von drei
Generationen der kulturelle Wandel beschrieben wird; mit
dem malerischen Leben der Gässchen dieses Viertels als
Hintergrund.

Ein Nachmittag im Bazar von Khan el-Khalili bietet viele Entdeckungen und Wunder und ist auch sehr ermüdend. Am Schluss ist man ein wenig benommen von den Stimmen, den Geräuschen, den Farben und den vielen Düften der Gewürze, die in großen Leinensäcken angeboten werden, Gewürzen aller Art: Zimt, Safran, Ingwer, Paprika, gemahlene Nelken und andere unbekannte Gewürze mit unentzifferbaren arabischen Namen. Am liebsten würde man alle kaufen, aber wie soll man sie aufbewahren? Eine etwas ausgefallene Idee wäre, eine Schatulle aus Zedernholz mit Perlmuttintarsien zu kaufen (die sehr hübsch und billig sind) und sie nach Belieben mit Gewürzen zu füllen. Und sie dann zu schütteln, damit ein ganz eigenwilliger Cocktail entsteht, den man bei sich tragen und an dem man hin und wieder schnuppern könnte.

Dem Bazar gegenüber befindet das das El-Fishawi-Café, das man mit der Schatulle unter dem Arm, und vielleicht mit einem Buch von Machfus, besuchen könnte. Es ist das älteste Kaffeehaus Kairos. Hier kann man sich zu jeder Uhrzeit ausruhen, denn es ist rund um die Uhr geöffnet; und am Abend, wenn die Touristen gegangen sind, bevölkern es die Bewohner des Viertels, die plaudern, Schach spielen und Shisha rauchen, eine hier nach Rosen duftende Wasserpfeife.

Inzwischen hat man auch Stühle auf die Gasse vor das Café gestellt und wenn es am Abend schön ist, kann man die kühle Abendluft genießen. Aber man sollte das Café auch von innen sehen. In den großen Sälen hängen alte Spiegel mit geschnitzten Rahmen, und die Platten der alten wackeligen Tischchen sind aus geklopftem Kupfer. Alkohol wird hier nicht ausgeschenkt, aber es gibt einen hervorragenden (sehr starken) türkischen Kaffee, ein breites Angebot an Tee, einen hervorragenden *Karkadeh* (Hibiskustee hat offenbar entspannende Wirkung), und frische Obstsäfte (sehr empfehlenswert ist der Zitronensaft, der eigentlich aus Limetten gemacht wird und sehr süß ist). Hierher kam Machfus am Nachmittag, um zu schreiben, wie aus seinen Romanen hervorgeht, und hier hielt er legendäre literarische Treffen ab. Ganz hinten befindet sich ein Saal, den er besonders liebte, wo man sich hinsetzen kann, um Shisha zu rauchen. Offenbar ist sie besonders entspannend und macht schläfrig. Aber wenn man einschläft, ist das auch kein Problem: Der Chef sagt den Kellnern, sie sollen leise sein, und niemand wird einen stören.

KYOTO.
STADT DER KALLIGRAPHIE

In Kyoto gibt es viele schöne Dinge, viel zu viele, als dass man sie auf einer Seite erwähnen könnte. Wisława Szymborska weiß das sehr gut, sie hat der Schönheit, die Kyoto gerettet hat, ein Gedicht gewidmet:

»Kyoto hat Glück, / Glück und Paläste, / geflügelte Dächer, / Stufen auf der Tonleiter. / In die Jahre gekommen, aber kokett, / aus Stein und dennoch lebendig, / aus Holz, aber als ob es aus dem Himmel auf die Erde gewachsen wäre. / Kyoto ist eine schöne Stadt / bei der einem die Tränen kommen // Echte Tränen / wie einem gewissen Herren, / einem Kenner, einem Liebhaber von Altertümern, / der in einem entscheidenden Augenblick / am Konferenztisch / ausrief, dass es im Grund viel hässlichere Städte gäbe – / und plötzlich auf seinem Stuhl / in Tränen ausbrach. // So rettete sich Kyoto / das entschieden schöner als Hiroshima ist.«

Die beliebteste Stadt Japans, die 800 vor Christus gegründet wurde und die erste Kaiserstadt des Landes war, weist eine geometrische Architektur auf, die auf den Kaiserpalast im Norden der Stadt ausgerichtet ist. In einem von grünen Hügeln umgebenen Becken gelegen, wo sich die schönsten Tempel befinden, offenbart sich der Zauber der Stadt vor allem im alten historischen Zentrum, dem Viertel der Maler und Kalligrafen, wo sich entlang der Kanäle noch viele Holzgebäude befinden. Ein Papiergeschäft zu betreten ist ein Erlebnis. Einmal besuchte ich eines mit einer Einwohnerin von Kyoto, die mir zahlreiche Höflichkeiten erwiesen hatte, wofür ich mich in gewisser Weise revanchieren wollte. Ich bat meine Begleiterin, sich ein Geschenk auszusuchen, und sie führte mich in einen Laden, wo Papier und Tinte verkauft wurden. Meine Begleiterin begann ein intensives Gespräch mit der Ladenbesitzerin, einer Dame in einem höchst eleganten Kimono, worauf uns viele Sorten Reispapier in unterschiedlichen Formaten vorgelegt wurden. Schließlich wurde ein bestimmtes Papier ausgesucht, die Besitzerin nahm Pinsel und Feder zur Hand, zeichnete ein Ideogramm darauf, nahm eine Papierschachtel, wickelte sie in das Papier ein, zauberte mit einem Seidenband Knoten und Maschen, und überreichte die Schachtel meiner Begleiterin. (In Japan gibt es ein eigenes Unterrichtsfach, in dem man lernt, Papier zu falten und Knoten zu binden). Man ist und bleibt das Produkt der eigenen Kultur. Beim Hinausgehen fragte ich meine Begleiterin: »Entschuldigung, aber ich verstehe nicht, in der Schachtel ist doch nichts drin, worin besteht das Geschenk?« »Darin«, sagte sie und zeigte mir die Hülle. »Sie ist sehr schön, danke.« Ich erinnere mich, dass Roland Barthes in seinem Japan-Buch *Das Reich der Zeichen* davon spricht, dass dem Behältnis hier zumeist mehr Bedeutung beigemessen wird als dem Inhalt. Aber so etwas in einem Buch zu lesen ist etwas ganz anderes, als selbst die Erfahrung zu machen.

Wahrscheinlich sollte man Kyoto, seine Tempel und Gärten im Herbst besichtigen. Den Entsuji-en-Garten mit seinem mit Steinplatten belegten Moosboden, die Daitoku-ji-Tempelanlage mit den Kalligraphien von Ikkyu, einem der größten Zen-Kalligrafen, der Ende des 15. Jahrhunderts starb,

das Nashiki-Heiligtum, wo das der Hagi-Pflanze gewidmete
Fest gefeiert wird, der Pflanze mit den zarten runden Blättern, die in der traditionellen Dichtung am meisten gepriesen wird. Im November pilgern die Bewohner Kyotos in
die Hügel außerhalb der Stadt, um zu sehen, wie die Wälder
sich herbstlich gelb und rot färben. Mit einem bequemen
Bus erreicht man die kleinen Tempel in den Wäldern rund
um Ohara, und am zweiten Sonntag im November feiert
man in den Hügeln im Westen, ehemals eine Sommerfri-
schegegend, das Ahornfest.

Der vornehmste Garten ist Kinkaku-ji, der Goldene Pavillon, der im Roman *Der Tempelbrand* von Yukio Mishima
erwähnt wird. Wer jedoch der barocken Pracht dieses Tempels (und der nicht minder prachtvollen Prosa Mishimas)
die Nüchternheit und das Chiaroscuro des ehrwürdigen Tanizaki, des Autors von *Lob des Schattens,* vorzieht, kann das
Grab des Dichters besuchen, das sich im Garten eines der
schönsten buddhistischen Gärten von Kyoto befindet. Es
befindet sich auf dem Abhang eines bewaldeten Hügels, und
ich überlasse es dem Abenteuergeist des unternehmungslus-
tigen Touristen, es zu finden.

Das Grab Tanizakis besteht aus einer riesigen runden
Steinplatte, die auf der nackten Erde liegt. Als ich es besichtigte, war der Boden von roten Ahornblättern bedeckt,
und ich hatte den Eindruck, es handele sich um einen natürlichen, nicht um einen von Menschenhand bearbeiteten
Stein, obwohl es in Japan oft schwierig ist (siehe die Bonsai)
auf den ersten Blick zu erkennen, was natürlich ist oder was
von den Menschen eben so bearbeitet wurde, dass es wie
natürlich wirkt. Auf der Suche nach einer Inschrift oder

einem Zeichen fegte ich die Blätter weg. Auf dem Stein befand sich nur ein eingeritztes und bemaltes Ideogramm. Ich kopierte es so genau wie nur möglich in mein Tagebuch, und am Abend zeigte ich es dem Angestellten an der Rezeption, der perfekt Englisch sprach. »Was bedeutet es?«, fragte ich. »Schweigen«, antwortete er. Und dann fügte er mit einem leichten Lächeln hinzu: »Oder Nichts, Sir.«

Nehmen wir an, Sie befinden sich in New York und haben etwas Zeit, etwa ein freies Wochenende. Und Sie spüren das Bedürfnis, eine Stadt, die zweifellos außergewöhnlich, wenn nicht gar die außergewöhnlichste auf der ganzen Welt ist, von deren Hektik man sich jedoch hin und wieder erholen muss, eine Zeitlang zu verlassen.

Um nach Rhinebeck zu gelangen, nimmt man in der Penn Station einen Zug in Richtung Albany oder Montreal. Die Fahrt entlang des majestätischen Hudson zur Linken, während man rechts auf Täler mit Ahornwäldern blickt, ist äußerst angenehm, und in weniger als zwei Stunden hat man Rhinebeck (Bahnhof Rhinecliff) erreicht. Von hier aus gelangt man auch zu dem in der Nähe gelegenen DIA Beacon. Das Museum für zeitgenössische Kunst, das in einem ehemaligen Industriegebäude (einer Keksfabrik) untergebracht ist und sich mitten auf dem Land am Ufer des Hudson befindet, empfängt einen gleich am Eingang mit einem riesigen, Andy Warhol gewidmeten Saal, was Besucher, die nicht gerade Warhol-Fans sind, unter Umständen abschreckt. Aber wer nicht gleich klein beigibt, kann hier überraschende Entdeckungen machen. (Ich beschränke mich auf zwei Künstler: Dan Flavin und Agnes Martin.)

Um nach Rhinebeck zu gelangen, steigt man also in Rhinecliff aus, einem altmodischen kleinen Bahnhof inmitten von Wäldern (doch der Eindruck täuscht, immerhin ist Rhinebeck nur ein paar Kilometer entfernt). Wenn Sie zur Mittagszeit ankommen, sollten Sie einen Imbiss im Beekman Arms nehmen, wo man auch ein Zimmer für die Nacht reservieren kann. Es ist das älteste Hotel Amerikas, eine Tafel erinnert daran, dass George Washington während des Unabhängigkeitskriegs hier gewohnt hat. Am Nachmittag sollte man nach Annandale-on-Hudson spazieren, was nur ein paar Minuten erfordert, und das Bard College besuchen.

An dem 1860 gegründeten Bard College werden Liberal Arts and Sciences unterrichtet. Ungefähr fünfzehnhundert Studenten aus den USA studieren hier, die andere Hälfte stammt dank der großzügigen Stipendien dieser demokratischen Universität von anderen Kontinenten, aus Afrika, Asien und Lateinamerika. Ein, wie ich versichern kann, ausgezeichnetes Ambiente. Die am häufigsten belegten Fächer sind Literatur, Anthropologie, Kunst und Musik (Leon Botstein, ein berühmter Musikwissenschaftler und Dirigent ist Vorsitzender des College): Fächer, die keinen unmittelbaren praktischen Nutzen haben, jedoch angetan sind, den Geist zu schulen. Gleichzeitig belegen die Studenten Biologie oder Ingenieurswesen, werden also Biologen oder Ingenieure mit guter Allgemeinbildung. Das College vertritt nämlich die Philosophie, dass das Hirn eines Biologen oder eines Ingenieurs, der zum Beispiel Tolstoi oder Mozart kennt, besser funktioniert als desjenigen, der sie nicht kennt.

Das Bard College liegt auf einem weitläufigen Gelände: Deshalb sollte man sich am besten bei der Security neben dem Verwaltungsgebäude ein Rad ausborgen. Als erster Stopp empfiehlt sich das von Frank Gehry gebaute Auditorium, dem *Richter B. Fischer Center for the Performing Arts,* das, wie das Guggenheim-Museum in Bilbao, mit Titanzink gedeckt ist, aber aufgrund der umliegenden Landschaft vielleicht sogar noch imposanter als Letzteres wirkt. Nicht weit entfernt von dem funkelnden Gehry-Gebäude, hinter der klassizistischen Bibliothek, liegt ein kleiner Friedhof mit wenigen Gräbern, die nur aus von Blättern bedeckten Steinplatten bestehen. Hier ruhen nebeneinander drei bedeutende Frauen, die an dieser Universität gelehrt haben. Mary McCarthy, Hannah Arendt und Irma Brandeis. Mary McCarthy ist für ihren Roman *Die Clique* (1963), einen Bestseller, berühmt geworden. Aber auch ihre Reisetagebücher und ihre politischen Essays (*Vietnam-Report,* 1967, und *Hanoi,* 1968), sind lesenswert. Die Linken in Amerika verdanken ihr viel. Hannah Arendt analysierte die großen Katastrophen des 20. Jahrhunderts, vor allem den Faschismus; als junges Mädchen verliebte sie sich leider in Martin Heidegger, den Schwarzwaldphilosophen, wie ihn Thomas Bernhard nannte, und schrieb ihm Briefe, die wir lieber nicht lesen. Irma Brandeis ist eine der bedeutendsten amerikanischen Dante-Experten; Eugenio Montale schrieb ihr Briefe, und sie hatte die Güte, sie nicht an den Absender zurückzuschicken. Sie war tatsächlich »ein Engel«.

Man kann sogar mit dem Bus des Bard College nach Rhinebeck zurückfahren, im Lichte des Sonnenuntergangs. Wenn Sie in dem besagten alten Gasthaus ein Zimmer reserviert haben, erwartet Sie ein Zimmer mit alten Holzbalken, Parkettböden und rustikalen antiquarischen Möbeln. Im Kamin brennt das Feuer und das Restaurant ist vorzüglich: Zuerst hatten sich hier Franzosen angesiedelt, dann Holländer und Deutsche. Eine sprachwissenschaftliche Theorie besagt, dass in Bezug auf die Verbreitung einer Sprache die peripheren Gebiete konservativer sind als die Kernzone, weil sie die ursprünglichen Eigenschaften bewahren. Ich glaube, das gilt nicht nur für die Sprache, sondern auch für die Gastronomie: Den Beweis dafür liefert das Restaurant mit seiner *soupe à l'oignon*.

WASHINGTON.
EIN BESUCH BEI EINSTEIN

Washington ist eine sehr schöne und von New York aus einfach zu erreichende Stadt. Ich würde empfehlen, den Zug zu nehmen, erstens weil die amerikanischen Züge sehr bequem sind, und vor allem weil man in Washington unbedingt den Bahnhof besichtigen sollte. Für gewöhnlich besichtigt man Bahnhöfe nicht, sie sind Transiträume. Marc Augé, ein zeitgenössischer Anthropologe, hat sie gemeinsam mit Flughäfen und Supermärkten als *Nicht-Orte* bezeichnet (wie auch der Titel seines Buches lautet) – als zeitgenössische architektonische Räume, wo wir einen Gutteil unserer Zeit verbringen, aber »aufgehoben sind«, weil wir uns dort nur auf der Durchreise befinden, städtische Vorhöllen gewissermaßen. Der Bahnhof von Washington (Union Station) hätte in Augés Essay ein Extra-Nachwort verdient: Er ist nicht nur Transitraum, sondern aufgrund seiner architektonischen Schönheit kann man ihn auch mit Gewinn besichtigen.

Ich habe in meinem Leben in den großen Städten auf der ganzen Welt schon viele merkwürdige Bahnhöfe besichtigt, aber die Union Station in Washington schlägt sie alle. 1908 eröffnet, ein Werk des Architekten Daniel Brunham, und in dem Stil erbaut, den man in Amerika mit einem französischen Ausdruck als »Beaux-Arts« bezeichnet, ist er zugleich erhaben und außergewöhnlich elegant, mit weißen Marmorböden, Gewölben, Bronzegittern und Mahagonieverkleidungen ausgestattet. Aufgrund seiner palastähnlichen Architektur wurden Staatsfeiern und -bankette hier und nicht im Weißen Haus abgehalten. Ebenfalls sehenswert sind die Restaurants, die zu den besten in der Stadt gehören, die Buchhandlungen und Läden, unter anderem ein kleines Geschäft, das afrikanisches Kunsthandwerk verkauft (aus Zimbabwe, wie ich glaube), und sein Besitzer, der kein Afroamerikaner, sondern ein eingewanderter Afrikaner ist, kann Ihnen Dinge erzählen, über die man in der Zeitung für gewöhnlich nichts erfährt.

In Washington hat man der Geschichte, von der wir betroffen waren und sind, Denkmäler gesetzt: Denkmäler des Zweiten Weltkriegs, des Korea- und des Vietnamkriegs. Und wenn Sie genug davon haben, die beeindruckenden Zeugnisse der Kriege des letzten halben Jahrhunderts abzuschreiten (die Memorials befinden sich in riesigen Parks), gibt es ganz in der Nähe ein ganz anderes Monument, das wiederum zu einem anders gearteten Aufenthalt einlädt.

Merkwürdigerweise wird es in Fremdenführern nicht erwähnt, und selbst die Bewohner von Washington kennen es bis auf wenige Ausnahmen nicht. In der Nähe des *State Department,* in einem abgeschiedenen Park neben der *National Academy of Science* befindet sich das *Einstein Memorial.* Es ist eine riesige Bronzeskulptur, ein Werk des Bildhauers Robert Berks, und stellt den großen Wissenschaftler in Sitzhaltung auf der obersten von drei Stufen dar, die den Sockel des Denkmals bilden. Er trägt Sandalen und hält ein Manuskript mit den mathematischen Gleichungen seiner wichtigsten Entdeckungen in der Hand: der Relativitätstheorie, der Gleichung von Energie und Materie, und des photoelektrischen Effekts. Er blickt auf eine kreisförmige Himmelskarte zu seinen Füßen, wo funkelnde Metallsplitter, die die Sterne und Planeten darstellen, in smaragdgrünem Granit eingefügt sind. Auf seinem Gesicht liegt ein zugleich gutmütiger und perplexer Ausdruck, als würde er sagen: »Na, so was!«

Zur Mittagsstunde und bei schönem Wetter sollte man sich auf eine Bank setzen, ein Sandwich essen und das Genie betrachten, das das Universum erforschte und Kriege hasste. Vielleicht ist auch eine Familie da, und ein kleines Kind ist auf die Statue geklettert, wie auf die Knie seines Großvaters. Am liebsten würde man es ihm gleichtun.

MEXIKO.
REISE IN DIE WELT DER *CHILES*

In Mexiko, einem riesigen und außergewöhnlich vielfältigen Land, begegnet man überall, im tropischen Süden, der Heimat der Maya-Kulturen, in der Wüste im Norden, den kolonialen Städten oder der faszinierenden, monströsen Hauptstadt, einem einigenden Element, das allen mexikanischen Kulturen, so verschieden sie auch sind, eigen ist: den *Chiles.*

Chiles, die grundlegende und unersetzliche Zutat der mexikanischen Küche in ihren unzähligen regionalen Varianten (das Wort stimmt nicht ganz genau, denn Mexiko ist ein Staatenbund), die bereits in der Apothekerkunst der präkolumbianischen Kulturen bekannt war (die von Archäologen im Tal von Tehuacán gefundenen Arzneien beweisen, dass sich die ansässige Bevölkerung ihrer bereits sechstausend Jahre vor Christus bediente), werden zum Frühstück, zum Mittag- und zum Abendessen gegessen, je nach dem zur jeweiligen Speise passenden Aroma und Geschmack. Und obwohl Europäer *Chiles* für gewöhnlich meiden (nicht zuletzt, weil unbedachte Reiseführer das böswillige Gerücht in die Welt gesetzt haben, sie seien für »Montezumas Rache« verantwortlich), sind sie allgegenwärtig, und man sollte sie unbedingt kennenlernen.

Chiles mit Peperoni zu übersetzen ist absolut unpassend, denn die Nachtschattengewächse, die in den verschiedensten Formen vorkommen, weisen große Unterschiede in In tensität und Geschmack auf, und sie zu entdecken, ist, als würde man die unergründlichen Abgründe der menschlichen Seele ausloten, samt allen Abstufungen an uns bekannten Gefühlen, von der Toleranz zum Groll, vom Hass zur Rache und zum Verzeihen, von der zarten Liebe eines Kindes bis zur wildesten Leidenschaft. Fragt man einen Mexikaner, wie viele *Chiles* es gibt, wird er eifrig eine endlose Liste aufzählen und sich dafür entschuldigen, dass er eventuell einen vergessen hat. Ich werde einen kursorischen Chile-Baedeker erstellen und mit dem *Chile poblano* beginnen.

Der *Chile poblano* ist vertraut und mütterlich. Er hat einen runden Bauch, der sich gut mit Käse oder Gemüse füllen lässt, und eignet sich somit als Beilage zu Braten und Schmorfleisch. Mit einem Wort: ein Familientreffen zum Geburtstag unserer lieben Großmutter.

Auch der *Secoa* hat etwas Vertrautes, er ist weise wie eine alte Tante. Die Tante ist nicht mehr ganz so vital wie in ihrer Jugend, verwendet aber noch immer dasselbe frivole Parfum. Man verwendet ihn, um die verschiedensten Saucen zu würzen, gemeinsam mit Limettensaft.

Der grüne fette, für die Küche Yucatáns typische *Dulce* (unvergesslich sind die »nostalgischen« Speisen Méridas) ist ein wenig scharf, stellt eine schamhafte und gleichzeitig kecke Eleganz zur Schau, wie gewisse Damen aus dem vorigen Jahrhundert.

Der kräftige *Güero* ist grünlich-gelb und hat eine leicht faltige Haut, er befindet sich im vorgerückten Alter, seine Schärfe hat etwas nachgelassen, als hätte er sich bereits in sein Schicksal dreingefunden.

Der beliebte *Serrano* ist jugendlich draufgängerisch und

aggressiv. Er erinnert an blonde Holzfäller oder üppige Hausfrauen aus deutschen Propagandafilmen der dreißiger Jahre. Seine Schärfe befriedigt und stimuliert nicht, und sein unangenehmer Geschmack ist nur eitel.

Der *Chile de árbol* ist offen gesagt unverschämt. Flammend rot, kräftig und gekrümmt, hat er etwas Schlüpfriges an sich und ähnelt dem Ding, das man in Neapel »'o cazzillo 'e diavolo«, Schwanz des Teufels, nennt. In Mexiko steht er in höherem Ansehen als Viagra.

Der *Jalapeño* hingegen ähnelt einem Herrn in den besten Jahren; er verfügt über die richtigen Kräfte, harmonisiert mit den Speisen: eine echte große Liebe zur richtigen Person im richtigen Alter, um Nachkommen (in diesem Fall ein schönes Obstdessert) zu gewährleisten.

Ich könnte mit der Aufzählung fortfahren. Aber wie die Mexikaner entschuldige ich mich für die eventuellen Auslassungen und höre mit dem *Chile habanero* auf. Der glänzende ovale *Habanero* ist trotz seines unschuldigen Aussehens und seiner gelbgrünen Farbe der Pontifex maximus jeder ausgezeichneten mexikanischen Speise, von der kompliziertesten wie der Cochinita bis zur äußerst pikanten (und doch sehr milden) Limettensuppe. Aber aufgepasst: Der *Habanero* hat die Grenzen des Scharfen überschritten und befindet sich schon fast im Bereich des Strahlenalarms. Seine Kraft ist vergleichbar mit der der Kernspaltung, die die Maya lange vor Fermi oder Oppenheimer in der Natur entdeckten. Wer seinen inneren Strahlen standhält, kann sich mit vollem Recht der Illusion hingeben, einer mehr als Tausende Jahre alten Kultur anzugehören, die von den europäischen Kolonisatoren nicht zerstört werden konnte. Wenn es Ihnen gelingt,

ihn vor einem Mexikaner zu kosten ohne zu brüllen und dabei einen heiteren Gesichtsausdruck beizubehalten, haben
Sie die Ehrenbürgerschaft verdient.

Der einsame Strand

Sie sind in Cancún, einer Stadt auf Yucatán, wo sich ein internationaler karibischer Strand befindet, aus dem Flugzeug ausgestiegen. Sie kommen aus Frankfurt, wo sie aus allen Teilen Deutschlands zusammengekommen sind. Sie sind ungefähr dreihundert, Männer und Frauen: alle blond, groß, kräftig, erschöpft. Sie sind gekommen, um einen Urlaub in Mexiko zu verbringen. Am Flughafen warten hochmoderne Busse auf sie. Es ist eine schöne Tropennacht. Die Autobusse fahren ungefähr siebzig Kilometer über die Traumstraße an der Küste in den Süden, Richtung Tulum. Ihr Ziel ist Akumal, ein von einem tropischen Urwald umgebener Strand, wo Schildkröten brüten.

Die Busse bleiben vor einem riesigen Portal aus rosa Beton mit aufgemalten Palmen stehen. Sie haben ihr Ziel erreicht: das Hotel. Dasselbe Ziel haben zu unserem Leidwesen auch wir, Maria José und ich erreicht, dank des Irrtums eines Freundes, der uns von Mexiko-Stadt aus ein Zimmer reserviert hat, weil er sich von dem abgelegenen Ort und dem wohlklingenden Namen des Hotels in die Irre hat führen lassen. Bei diesem Namen, Robinson, konnte es sich ja nur um ein kleines einsames Hotel, vielleicht sogar aus Holz, handeln, direkt am Meer, an das er sich zu erinnern glaubte, weil er in Yucatán seine Kindheit verbracht hat. So wollten Maria José und ich – angezogen vom Versprechen auf absolute Einsamkeit – unsere Reise, die wir im Norden Mexikos begonnen hatten, hier beenden, wo die imposanten Maya-Pyramiden und eine angeblich wunderschöne Kolonialstadt, Mérida, liegen.

Die von uniformiertem Sicherheitspersonal bewachte Schranke hebt sich, die Reisenden verlassen der Reihe nach den Bus und stellen sich an der Rezeption an, neben einem sehr langen Tisch voller Getränke. Sie werden von zwei Kellnern bedient, die genauso blond sind wie sie und nur Deutsch oder Englisch sprechen. Die Flüssigkeiten in den Glaskaraffen sind sehr rot, sehr grün, sehr orange, und auf jeder befindet sich ein Kärtchen: *Tropical cocktail.*

Sie geben ihre Pässe an der Rezeption ab und ziehen sich in ihre Zimmer zurück. Die anderen dreihundert Zimmer sind schon von anderen Robinsons besetzt, die am Tag davor mit derselben Reisegesellschaft, der *Touristic Union International,* aus Texas gekommen sind, und die, wie ich dem Prospekt an der Rezeption entnehme, ähnliche Robinsonzentren in Spanien, Ägypten, Kenia und an entlegenen Stränden anderer Länder der Welt betreibt.

Aerobic

Am Morgen darauf liegt der breite, an den Seiten von zwei niedrigen Strohzäunen gesäumte Hotelstrand im gleißenden Sonnenlicht da, er ist mit großen, bei den Einheimischen sehr beliebten Sonnenschirmen aus Stroh ausgestattet. Darunter können sich die Robinsons entspannen, auf Liegen mit verstellbarer Rückenlehne. Ein paar gehen schüchtern ins türkise Wasser des karibischen Meers, aber die meisten ziehen den riesigen, merkwürdig geformten Pool (ein Herz mit Armen?) des Hotels vor, wo sie bei dröhnender Musik Wassergymnastik betreiben. Die gerade ausgeführte Übung hat, wie die Stimme des jungen Mannes, des »Animators«, durch das Megafon wiederholt, eine unglaubliche Wirkung auf Körper und Seele. Das größte Vertrauen in die Wassergymnastik scheinen ältere Damen zu besitzen. Sie lassen ihre bunten Pareos auf den Liegestühlen liegen und tun ihr Bestes, um sich im Aerobic-Rhythmus zu bewegen, sie bewegen sich, so wie sich die Körper von Menschen bewegen, die vom Alter gezeichnet sind. Vielleicht macht eine Woche in den Tropen sie um ein paar Jährchen jünger, wer weiß.

Siesta

Nach dem Mittagessen, das unter den Sonnenschirmen serviert wird (riesige Tabletts mit Türmen aus Club-Sandwiches und Berge tropischer Früchte), ist Siesta angesagt. Mexiko ist nämlich das Land der Siesta. Die Herren und Damen, die gerade noch Aerobic betrieben haben, lassen am Rand des Pools ihre riesengroßen Strohsombreros liegen, die in Taiwan hergestellt und von der Hoteldirektion zur Verfügung gestellt werden, und an denen ein Namensschild befestigt ist, Ulrike, Klaus, Alice, Renate, und ziehen sich in ihre Zimmer zurück, wo ihnen ein großer Deckenventilator wie in kolonialen Zeiten und ein Wandteppich mit populären Motiven über dem Bett bestätigen, dass sie sich tatsächlich in Mexiko befinden.

Danach gilt es, den Nachmittag in Angriff zu nehmen.

Weitere bunte Cocktails erwarten sie auf den Tischchen am Pool, auf den sich langsam ein blutroter Sonnenuntergang herabsenkt, so wie es sich für einen Sonnenuntergang in den Tropen gehört. Und etwas später erwartet sie zum Abendessen ein monströses Büfett mit exotischem Flair, angerichtet inmitten von Kürbissen, Palmwedeln, künstlichem, merkwürdig geformtem Brot, Ananasfrüchten und Musikinstrumenten der Eingeborenen. Noch nie habe ich in meinem Leben eine derartige Verschwendung von Nahrungsmitteln gesehen. Ich befinde mich nicht in *Robinson Crusoe,* sondern in *Gargantua und Pantagruel*: Ich befinde mich im falschen Roman.

Abendessen

Die außergewöhnlichen mexikanischen Gerichte werden der hungrigen Meute von Dienern serviert, von kleinwüchsigen Mayas mit alten, tonfarbenen Gesichtern, die im Auftrag des Hotels riesige Kochmützen aufgesetzt haben, damit sie so groß wie die Gäste wirken. Es sind hervorragende Gerichte der Eingeborenen und Gerichte, die die Kolonialherren hinterlassen haben, und die Robinsons klatschen große Mengen Ketchup darüber, das man nach Belieben aus großen, handgemachten Schüsseln schöpfen kann. Aber das gilt nur für die mutigsten Gäste, die über eine gewisse Neugier auf fremde Kulturen verfügen. Der Großteil stellt sich vor dem riesigen Barbecue ganz hinten im Saal an und kommt mit einem Teller voller Würste an den Tisch zurück. Die Kinder der Robinsons hingegen verlangen hartnäckig Pommes frites. »Pommes, Pommes, Pommes« zwitschert es an allen Tischen. Und die Väter und Mütter heben den Arm und zwitschern ebenfalls. Der alte Maya-Koch, der schon die Kartoffelschnitten frittiert, lächelt: Mit den *gringuitos* muss man Nachsicht haben.

Fiesta

Nach dem Abendessen geht die *fiesta* los. Sie besteht aus ohrenbetäubender Musik, die über riesige Lautsprecher verbreitet wird, und die sogar noch am Strand zu hören ist, wohin wir geflüchtet sind. Niemand im Umkreis von fünf Kilometern kann sich ihr entziehen. Dieselbe Musik kann man wahrscheinlich in den Diskotheken Bayerns oder Texas' hören, und sie wird von psychedelischen Lichtern untermalt, die die tropische Vegetation auf unheimliche Weise beleuchten.

Ekstatisch tanzend bieten die Typen aus Düsseldorf oder Austin (Amerikaner sind zahlreich vertreten), die die Sinnlichkeit der Tropen erleben wollen, ihren Körper dem Gott des globalen Tourismus dar. Nach dem Menschenopfer erwartet sie das TV-Gerät in ihren Zimmern. Hier werden ausschließlich englische und deutsche Kanäle empfangen, damit die Reisenden nicht in Versuchung kommen, den Klang der Sprache zu hören, die in dem Land, in dem sie sich zufälligerweise befinden, gesprochen wird.

Für den nächsten Tag verspricht das Programm, das sie auf ihrem Nachtkästchen vorfinden, eine Busreise und einen nachmittäglichen Besuch der Maya-Ruinen in Tulum, einer

Pyramide am Strand, wo die Robinsons den Sonnenuntergang beobachten dürfen und einem von einem »Spezialisten« zelebrierten Ritual beiwohnen werden, das (wie der im Hotel verteilte Zettel garantiert) in nichts dem echten nachstehen wird, das von den Sonnenanbetern in präkolumbianischer Zeit gefeiert wurde.

Rückkehr

Nach einer Woche (im Paket sind acht Übernachtungen enthalten) kehren die europäischen und amerikanischen Robinsons in ihre Heimat zurück und erzählen ihren Freunden, Mexiko besucht zu haben. Zum Beweis zeigen sie die Dias und unwiderlegbare Fotos aus ihren Kameras, die sie überallhin mitgeschleppt haben: zum Essen, zum Baden, zum Schlafen unter Palmen, genauso wie die Indios eines Amazonasstammes immer einen Knochen ihrer Vorfahren bei sich tragen.

An ihre Stelle werden andere Robinsons treten, denen sie – gewissermaßen um eine Spur zu hinterlassen – großzügigerweise die Bücher in die Hotelbibliothek gestellt haben, die sie auf diesem großartigen mexikanischen Strand gelesen haben: dicke Taschenbuchausgaben von Bestsellern, mit Titeln in goldenem Reliefdruck auf dem Cover, die sie vorsorglich am Abflughafen gekauft haben, um sich unter der tropischen Sonne nicht zu langweilen. Fast nur amerikanische Mistery- oder Horrorromane. Sie haben die richtige Wahl getroffen: Das Leben ist ein Mysterium, und hin und wieder versetzt es einen in Angst und Schrecken.

BRASILIEN.
CONGONHAS DO CAMPO

Eine Reise hierher muss man extra planen, denn wie an vielen anderen besonderen Orten landet man hier nicht zufällig. Kurz gesagt: Wir befinden uns in Brasilien, nehmen wir an, in Rio de Janeiro. In der *Cidade maravilhosa,* wie sie zu Recht genannt wird. Aber nachdem man (sowohl die schönen als auch die hässlichen) Sehenswürdigkeiten besichtigt hat, sind die Tage an den Stränden der Copacabana oder dem von Leblon genauso wie die überall auf der Welt, wo es diese Art von Stränden gibt, auch wenn sie hier vielleicht ein wenig malerischer und »textilfreier« sind, angesichts der knappen Tangas der Mädchen. Aber Sonne und Meer sind wie überall sonst. Also können wir beruhigt nach Congonhas do Campo aufbrechen.

Wir fahren Richtung Belo Horizonte, der Hauptstadt des Staates Minas Gerais, die ungefähr vierhundert Kilometer von Rio entfernt ist und die häufig angeflogen wird. Eine Stadt, die man, wie es in Ihrem Reiseführer wahrscheinlich heißt, unbedingt besichtigen sollte, vor allem wegen des von Oscar Niemeyer und Burle Marx erbauten monumentalen Stadtteils Pampulha. Ein anderes Mal. Wir entschuldigen uns bei der zeitgenössischen Architektur: Wir haben ein Rendezvous mit der alten, und das Auto, das wir am Flughafen gemietet haben, dient uns als Zeitmaschine, um ins 18. Jahrhundert zurückzureisen, zum großartigen portugiesischen Barock in Congonhas do Campo.

In Congonhas sollte man bei Sonnenuntergang ankommen und in der flirrenden Luft die Augen zusammenkneifen, um die Gebäude aus den fünfziger Jahren nicht zu sehen, die aus der Zeit stammen, als die brasilianische Regierung beschloss, die Minen wieder zu nutzen (den spärlichen Rest der großen Goldvorkommen, die den Reichtum von Minas Gerais in der Kolonialzeit begründeten), und in Richtung der Basilika Bom Jesus de Matosinhos laufen, die unversehrt am Rande der Wohnsiedlung steht, auf einem riesigen, schräg abfallenden Platz, wo Palmen mit schütterem Schopf auf hohem Stamm neben den sechs Kapellen des Kreuzwegs stehen, die zur Kathedrale führen. Auf der spektakulären Treppe mit rautenförmigem Grundriss stehen Steinstatuen der zwölf Propheten, angesichts der riesigen Dimensionen wirken sie überraschend leicht. Sie wurden von Antônio Francisco Lisboa, Aleijadinho genannt, gebaut, dem unehelichen Sohn des Architekten Manuel Francisco Lisboa und seiner Sklavin Isabel. Dieser phänomenale Bildhauer, vielleicht der bedeutendste des portugiesischen Barocks, erkrankte schon in jungen Jahren an Lepra (Aleijadinho bedeutet kleiner Krüppel), und angeblich ließ er sich, als er nicht mehr laufen konnte, in der Sänfte zur Kathedrale tragen, um mit Meißeln, die er an seinen von der Krankheit zerfressenen Armstümpfen befestigen ließ, seine Statuen in den Stein zu hauen. Die riesigen Statuen sind aus *pedra-sabão* (wörtlich Seifenstein), einem weichen, brüchigen Stein, und der Wind des *Sertão* hat die Gesichter zerfressen wie die Krankheit das ihres Schöpfers.

Mittlerweile ist es Abend geworden und die Kapellen des Kreuzwegs sind geschlossen. Aber der Wächter, der in einem kleinen Haus daneben wohnt, wird sie Ihnen freundlicher-weise aufsperren, wenn Sie ihm überzeugend genug dar-stellen, dass Sie unbedingt sehen wollen, wie sie von künst-lichem Licht erhellt werden. Wenn Sie die aus lebensgroßen Holzfiguren bestehenden Gruppen des Aleijadinho *(Das Letzte Abendmahl, Golgatha, Die Einkerkerung, die Geiße-lung, der Kreuzweg, die Kreuzigung)* betrachten, die zwar Pa-tina angelegt haben, aber im künstlichen Licht der Schein-werfer noch immer in den bunten Farben strahlen, die dem Barock so gefielen, werden Sie wahrscheinlich denken, dass der Ort tatsächlich einen Besuch wert war. Auf dem Gras zwischen den Kapellen zirpen die Grillen. Es sind kleine, grüne, beinahe durchsichtige Grillen; wenn Sie einen von diesen kleinen Orchestermusikern auf der Hand halten, der auf seiner kleinen Orgel ein Requiem auf die von einem unglücklichen Künstler verewigte Passion Christi zu spielen scheint, und dabei von Hunderten Grillen rundherum be-gleitet wird, werden Sie das Gefühl haben, ein unwirkliches Orchester zu dirigieren, wo alles absurd ist, Musiker und Darsteller.

Nicht weit entfernt befindet sich eine Pension. Sie ist rustikal, mit alten Betten und Ledernippes, wie es dem Le-ben der Pferdehüter der Gegend entspricht. Die Rosshaar-matratze wird Ihnen anfangs unbequem vorkommen, doch dann werden Sie hervorragend darauf schlafen. Vielleicht denken Sie, dass Brasilien zu groß und überraschend ist, um sich auf diesen einen Besuch hier zu beschränken.

Der Tourist, den es bei der letzten Etappe nach Congonhas do Campo verschlagen hat, wird auch Ouro Preto mühelos erreichen, das angesichts der Distanzen in diesem riesigen Land nur einen Katzensprung entfernt ist. Wir befinden uns noch immer im Staat Minas Gerais (wortwörtlich »Allgemeine Minen«), einer Region, in der es früher große Gold-, Silber- und Diamantenvorkommen gab, weshalb das portugiesische Königshaus im 18. Jahrhundert eines der reichsten in ganz Europa war. Minas Gerais ist übrigens der Schauplatz des wunderbaren Romans *Grande Sertão* von João Guimarães Rosa *(Das Große Sertão, Corpo de baile, Miguilim)*. Weit entfernt von den großen Städten, von der Zentralregierung vergessen, sich selbst und seinen oft grausamen Gesetzen überlassen, hat der *Sertão*, der bis vor wenigen Jahren das Gebiet der Latifundien und der großen Weiden war, eine entfernte Ähnlichkeit mit dem *Far West*. Der Pistolenheld (oft in Personalunion mit dem Cowboy) heißt hier *jagunço*: eine Mischung aus Räuber à la Robin Hood, Verbrecher und Söldner der Großgrundbesitzer. Er war in Leder gekleidet, bis zu den Zähnen bewaffnet und trug einen mit Münzen und Tierzähnen geschmückten Schlapphut. Der große Regisseur Glauber Rocha hat dieser Figur in dem Film *Antonio das Mortes* ein Denkmal gesetzt, während ihr Guimarães Rosa Allgemeingültigkeit verliehen, sie als Menschen dargestellt hat, der im Labyrinth des Lebens zwischen Gut und Böse umherirrt. Hier ist das Labyrinth eine Wüste *(Ser-*

tão bedeutet etymologisch große Wüste), eine endlose Ebene, die von karger, dorniger Vegetation gekennzeichnet ist, wo plötzlich, völlig fehl am Platz, die hohen Burití-Palmen auftauchen, wie ionische Säulen in einem Meer aus Nichts, mit einem spärlichen Blätterschopf anstelle des Kapitells.

Ouro Preto bedeutet »Schwarzes Gold«, hat aber nichts mit dem zu tun, was wir heute darunter verstehen. Nicht Öl ist hier gemeint, das *schwarz* bezieht sich auf die schwarzen Sklaven, die in den Goldminen arbeiteten, kräftige und billige Arbeitskräfte, die die Portugiesen aus den afrikanischen Kolonien (Angola, Guinea und Mozambique) mitbrachten, da es unter den Einheimischen eine extrem hohe Sterblichkeit gab (die Indios mit ihrem zarten, fast femininen Körperbau waren für die schwere Arbeit unter Tag nicht geeignet). Die tiefkatholische portugiesische Monarchie wurde dabei von einer päpstlichen Bulle bestärkt, in der stand, dass die armen Wilden, die die Flüsse, die Wälder und das Himmelsgewölbe anbeteten, auch mit Ketten an den Füßen ins Paradies kämen, sofern sie von ihren europäischen Herren getauft wurden; im Urwald geblieben, wäre ihnen dieser Segen nie zuteilgeworden. Und so wurden unzählige Sklaven nach Brasilien gebracht. Und schürften mit kräftigen Armen in den Minen. Und ließen sich zum neuen Glauben bekehren, vertrauten auf einen Gott, der sie von der Sklaverei erlösen sollte und zufälligerweise auch der Gott jener war, die sie zu Sklaven gemacht hatten.

Die Minenarbeiter bauten die schönsten barocken Kirchen von Ouro Preto, die Nossa Senhora do Pilar oder São Francisco de Assis oder Nossa Senhora da Conceição. Entworfen wurden sie natürlich von portugiesischen Architekten oder einem großen ansässigen Meister wie Aleijadinho, dem leprakranken Bildhauer aus Congonhas do Campo. Aber gebaut wurden sie von anonymen schwarzen Armen (»schwarz«: Es gibt keinen besseren Ausdruck dafür).

Der Legende nach wollten die Sklaven dem neuen Erlösergott Opfer bringen, und da sie die Minen immer nackt verlassen und eine rektale Untersuchung über sich ergehen lassen mussten, bestäubten sie ihre Kopfhaut mit Goldpulver, unter den krausen Haaren war es nicht zu sehen. Zu Hause wuschen die Frauen die Köpfe ihrer Männer in einem Becken, sammelten den Goldstaub und schenkten ihn den Kirchen, die damit Altäre und Decken dekorierten. Auf diese Weise entstanden die glänzenden Innenräume der Kirchen von Ouro Preto, die Sie jetzt als zufällig vorbeikommender Tourist (wir alle sind zufällig vorbeikommende Touristen) bewundern können; die Altäre, die Engel, die geschnitzten und mit Blattgold überzogenen barocken Chorgestühle. Vielleicht ist das der Augenblick, sich auf eine der Bänke zu setzen (oder sich hinzuknien, das hängt davon ab, was für ein Tourist Sie sind). Denkpause.

III.
IN INDIEN

Eine beispielhafte Geschichte: Als die Portugiesen unter
Vasco da Gama auf einer kleinen Insel vor Bombay landeten
und in die Höhlen des Felsentempels von Elephanta ein-
drangen, griffen sie zur Spitzhacke und gingen wütend auf
die riesigen, in den Felsen gehauenen Statuen des hinduisti-
schen Tempels los. In zerstörtem Zustand werden sie auch
heute noch dem europäischen Besucher gezeigt. Wobei der
aus der Gegend stammende Führer leises Bedauern äußert.

Ich habe mich oft gefragt, was der Grund dieses Vandalen-
akts war. Die zeitgenössischen portugiesischen Chroniken
beteuern wortreich, dass die Seefahrer von glühendem christ-
lichen Glauben beseelt waren. Aber es handelte sich nicht
nur um einen Kreuzzug gegen »Idole«. Die erschöpften Seefahrer kamen aus einem Land des gegenreformistischen Okzidents, sie waren an eine tröstliche Religion gewöhnt, in der
die Hölle eine Strafe und das Paradies eine Belohnung darstellte, von Heiligen mit gütigem Antlitz bevölkert, und wo
der Teufel eindeutig böse und die Madonnen blau und mütterlich waren. Plötzlich sahen sie sich mit einem Universum
ohne Zentrum konfrontiert, mit dem Begriff des Hybriden;
sie ahnten, dass sich dahinter die Idee der kosmischen Re-
inkarnation verbarg, ein schreckliches und nicht anthropo-
morphes Bild der Welt. Sie hatten Angst. Sie schwangen die
Spitzhacke aus Angst. Heute, wo uns Indien als etwas Un-
heimliches erscheint, wo dieser große Bauch uns und auch
sich selbst Angst einflößt, verspürt man den Wunsch, diese

Mutter der Kultur mit den Augen der westlichen Literatur neu zu lesen.

Vor der Angst kam natürlich das Staunen; Marco Polo, Mandeville und die goldenen, von Ameisen bewachten Berge, die Flüsse, die im irdischen Paradies entspringen, und der Kaiser von Indien, der merkwürdigerweise *Preste João* (Priesterkönig Johannes) genannt wurde, samt der ganzen Mythologie, die sich in Europa um diese legendäre Gestalt rankte. Und die Expeditionen der Portugiesen auf der Suche nach dem Reich des Glücks, das sie auf der Insel Taprobana (Ceylon) vermuteten, das in den *Lusiaden* von Camões erwähnt wird und wo Campanella seine *Stadt der Sonne* ansiedelte. Und der Florentiner Filippo Sassetti; und Francesco Carletti, der Abenteurer und zynische Ästhet; und Francesco Saverio, der »Apostel Indiens«, der im »goldenen« Goa begraben liegt.

Dann kam der Exotismus; aber da haben wir bereits zwei oder drei Jahrhunderte übersprungen. Der müde Exotismus der Literatur, die Ende des 19. Jahrhunderts in den bürgerlichen Salons entstand, wo Seitensprünge in der Provinz oder in den Vororten – wie bei Zola – beschrieben wurden. Indien war, eben weil es geheimnisvoll war, *das Andere* schlechthin: die Leichen der Parsen, die auf den Türmen des Schweigens verwesten, die eigroßen Diamanten des Reiches Golkonda, die undurchdringlichen Urwälder, wo sich blutrünstige Sekten verbargen, und die Bajaderen, die in den märchenhaften Palästen zum Vergnügen der Mogulen und der Maharadschas tanzten. Die Damen in ihren mit Walfischbein versteiften Korsetts und die Herren mit den gezwirbelten Bärten schlugen am Abend die Langeweile tot, indem sie die Abenteuer des Marineoffiziers Pierre Loti (*L'Inde,* 1898) lasen, die so wahrhaftig sind wie ein Ölgemälde.

Das Kino gab es damals noch nicht. So blickte die literarische Moderne in Europa auf Indien. Im Gefolge eines Exotismus, der ein Synonym für Eskapismus, Lust auf Ekstase und Traumreisen ist. Und der im Grunde die Idee eines Orients verkörpert, die das Gegenteil zum kolonialistischen und kriegerischen, aber im Innersten erschöpften Okzident ist. Eines Orients, wie Fernando Pessoa 1914 schrieb, »aus dem alles kommt, der Tag und der Glaube, der pompöse und fanatische und heiße Orient / der buddhistische, bramanische, shintoistische Orient, / der Orient, der alles ist, was wir nicht haben / alles, was wir nicht sind«.

In Italien hat dieser erschöpfte Okzident, dessen Blick von Melancholie und Fieber verschleiert ist, die Augen eines jungen Dandys aus Turin, Guido Gozzano, der ebenfalls auf der Suche nach der Wiege der Welt ist, ein fabulierender und genialer Reisender, der sich in der Phantasie ein Indien zusammenbastelte, das er nicht sehen konnte, und der vielmehr das fand, was in seiner Seele war: die Ahnung des Todes und das schreckliche Bewusstsein einer nicht zu überwindenden Unergründlichkeit. Mit Ausnahme des großen Kipling, dem es gelang, Indien mit den Augen seiner Herrscherin zu sehen und zu »verstehen«, gesteht die europäische Literatur des 20. Jahrhunderts ein, dass sie im Grunde nicht imstande ist, Indien zu verstehen. Zu dieser zynischen Schlussfolgerung kommt auch Forster in *Auf der Suche nach Indien,* wo Indien zur Metapher des allgemeinen Nichtverstehens wird: des Nichtverstehens der Kolonialherren gegenüber den Kolonialisierten, und der Kolonialisierten gegenüber der Kolonialherren, und beider gegenüber sich selbst.

Und dann *Ein Barbar in Asien* (1939) von Henri Michaux, einem Reisenden durch Innenwelten schlechthin, der sich ganz bewusst weigert, Indien zu verstehen und sich darauf beschränkt, es mit der Ironie und der Leichtigkeit von jemandem zu betrachten, der sich nicht mehr als Europäer fühlt, weil er bereits sein privates Anderswo gefunden hat. Aber davor gibt es noch den Wanderer Hermann Hesse, der immer wieder über Reisende und Pilger schrieb; und vor allem *Aus Indien*, ein Tagebuch der Reise, die er 1911 unternahm. Aber Hesse suchte nicht Indien, sondern die Verneinung der Kant'schen Antinomien, eine »Einheit in der Vielheit«, die andere, weniger mystisch angehauchte und sinnlichere Autoren vielleicht im hellenisierenden Ästhetizismus fanden (ich denke dabei an Kavafis und Durrell, was vielleicht etwas häretisch ist).

Romain Rolland *(Inde. Journal; 1915–1943)* hingegen suchte die Toleranz, das große universale Verständnis, das man heute als »Dialog« bezeichnet: Diesen Dialog führte er vor allem mit Gandhi, der Personifizierung der Toleranz (Rolland-Gandhi, *Correspondance*). Und dann kam Malraux, der den Menschen und den Sinn des Lebens suchte und zu diesem Zweck nicht nur das sich zerfleischende koloniale Indochina, sondern auch Indien bereiste (*Antimémoires*, 1967).

Und damit sind wir bei der Gegenwart angelangt, bei der unmittelbaren Vergangenheit. Und bei den Reiseberichten der wichtigsten italienischen Schriftsteller. Da gibt es

O Bombay (1980) von Ennio Flaiano und *Indienreise* (1962) von Alberto Moravia. Sie sehen Indien vor allem mitsamt seiner menschlichen und sozialen Probleme, aber auch als etwas Flüchtiges und Geheimnisvolles, denn man kann es nur »spüren«, so wie »man in der Dunkelheit die Anwesenheit von jemandem spürt, den man nicht sieht, der schweigt, aber dennoch da ist«.

Pier Paolo Pasolini ist jedoch der, der Indien in einem wunderbaren Buch am meisten »gespürt« hat. Er hat darauf verzichtet, Indien mit den Augen des Okzidents zu verstehen, er hat es vielmehr auf direkte und tiefgreifende Weise mit den Sinnen wahrgenommen. *Der Atem Indiens* (1962) ist das Werk eines Mannes, der seine Lebensmüdigkeit im Unglück und im Leid der Bevölkerung wiedergefunden hat, und der begriffen hat, dass Indien über einen ganz merkwürdigen Zauber verfügt: Unsere Reise dorthin führt uns im Kreis und an ihrem Ende stehen wir uns tatsächlich gegenüber. Ohne zu wissen, wer wir sind.

BOMBAY.
DAS TOR NACH INDIEN

Wenn man als westlicher Reisender nach Indien kommt, muss man unbedingt Bombay besuchen, eine wunderbare und schreckliche Metropole, das Tor nach Südindien.

Als die ersten Seefahrer 1534 hier landeten, bestand Bombay aus sieben von Kulis (woraus in der Sprache der britischen Kolonialherren *coolis* wurde, ein Wort, das Menschen niedrigster sozialer Herkunft bezeichnete) bevölkerten und von Malaria und Typhus verwüsteten Fischerinseln.

Als Katharina von Braganza, Tochter des portugiesischen Königs, Charles II. von England heiratete, schenkten ihr die Portugiesen – großzügig wie man mit Dingen umgeht, die einem in den Schoß fallen – Bombay als Mitgift, sie hatten es ihrerseits vom Sultan von Gujarat bekommen. 1668 vermietete die englische Regierung Bombay für die lächerliche Summe von zehn Goldpfund an die East India Company. Die Entwicklung Bombays beginnt genau in diesem Augenblick und fällt mit der Ankunft der vermögenden Parsen zusammen, Zoroastrier, die auf Grund der islamischen Invasion aus ihrem Heimatland Persien geflohen waren. Der erste Turm des Schweigens, das Indiz einer bereits etablierten Religionsgemeinschaft, stammt aus dem Jahr 1675. Im Augenblick gibt es in Bombay noch immer eine beträchtliche Anzahl dieser abgelegenen und schwer bewachten Gebäude, auf deren Dach die Parsen die Leichen der Verstorbenen den Krähen und Geiern darbieten, um die vier Elemente des Kosmos (Wasser, Luft, Erde und Feuer) nicht zu stören. Angeblich hat die Stadtverwaltung die Wasserdepots überdachen lassen müssen, weil die Vögel hin und wieder einen Bissen fallen ließen.

Aber ich sprach gerade von den ersten portugiesischen Seefahrern. Von den Portugiesen ist in Bombay (damals Mumbai) vor allem der alte Name erhalten geblieben, der vom portugiesischen *Boa Baía* (Schöne Bucht) herrührt und sich auf den riesigen natürlichen Hafen bezieht, der im Lauf der Zeit zum größten Handelshafen ganz Asiens geworden ist.

An der gegenüberliegenden Seite des Flusses, der die Insel Bombay vom Festland trennt, liegt eine befestigte portugiesische Stadt aus den Jahren 1534–1739. Die Portugiesen nahmen Bassein ein und errichteten dort ein Fort, das in seinen Mauern eine prachtvolle Stadt beherbergte, die schnell den Namen *Hof des Nordens* bekam. Nur Rittern und Adeligen war es gestattet, innerhalb der Festung zu wohnen. Am Ende des 17. Jahrhunderts lebten dort dreihundert portugiesische und vierhundert christliche indische Familien, die der lokalen Elite angehörten. In der Stadt gab es eine Kathedrale, fünf Konvente und dreizehn Kirchen. 1739 belagerten die Marathen drei Monate lang die Festung, die sich nach drei Monaten erbitterten Widerstands ergab. Diese drei Monate werden in der Chronik eines unbekannten Reisenden aus dem 18. Jahrhundert, die in der Vatikanbibliothek aufbewahrt wird, so phantasievoll beschrieben, als handelte es sich um eine Abenteuergeschichte. Die Erzählung steht jenen des phantasievollen Salgari in nichts nach. Wie wild die Marathenfürsten doch waren! Und wie schrecklich die Elefanten, die im Galopp gegen die Tore der Stadt stürmten. Die Portugiesen hingegen waren dem anonymen Chronisten zufolge herzensgut, beteten viel, und nur hin und wieder, um die Ehre zu wahren, gossen sie kochendes Palmöl auf die Marathen, die ihnen zu nahe kamen. Doch zuletzt war der Hunger stärker als die Ehre.

Heute sind vom märchenhaften Hof des Nordens nur die beeindruckenden befestigten Mauern und die Ruinen der Kathedrale von São José übrig geblieben, auf der ungewöhnlich große Krähen herumhüpfen.

Neben dem Gateway of India, vor dem Landungssteg, von dem die Schiffe nach Elephanta ablegen, thront das Taj Mahal Hotel, ein imposantes Gebäude der Jahrhundertwende, eine bizarre Mischung aus Mogulstil und viktorianischer Bauweise. Eine Nacht im Taj Mahal ist wahrscheinlich für den normalen Touristen unerschwinglich, allerdings ein Abenteuer, das die Mühe lohnt. Das Taj ist die andere Seite Indiens: das luxuriöse und privilegierte Indien, wo die letzten Maharadschas und die Ölscheichs verkehren, die aus Saudi-Arabien anreisen, um hier ihre Ferien im prunkvollsten Hotel ganz Asiens zu verbringen.

Aber das Taj Mahal ist gar nicht so sehr ein Hotel, als vielmehr eine eigenständige Stadt. Es verfügt über verschiedene (chinesische, indische, französische, internationale) Restaurants, ist luxuriös und dennoch mit zurückhaltender Eleganz ausgestattet, voller Boutiquen, in deren Auslagen die Produkte des indischen Kunsthandwerks funkeln, und es fordert eher dazu auf, auf den Beinen zu bleiben, als sich im Zimmer einzuschließen und zu schlafen. In der riesigen Lobby wogt eine malerische und kosmopolitische Menge, wie es sie sonst wahrscheinlich nirgendwo auf der Welt gibt.

Aber auch draußen, im vor Leben wimmelnden Bombay, begegnet man einer bunten Menge, die man sich vielfältiger nicht vorstellen kann. Moslems, Hinduisten, Parsen, Juden, Chinesen, Kulis, Jainisten mit weiß gefärbten Gesichtern, Prozessionen von buddhistischen Priestern. Noch zusätzlich verschärft werden die Gegensätze in diesem riesigen Land durch den nicht weit entfernten Turm des Atomreaktors von Trobay, des Tempels der schrecklichsten Gottheit unseres Zeitalters.

Unter uns, unterhalb des ultramodernen Wolkenkratzers, in dem sich der neue Teil des Hotels befindet, funkeln die Lichter der riesigen Stadt. Die zur Linken, die am weitesten entfernt sind, sind vielleicht die Lichter des Flughafens Santa Cruz. Noch eine Hinterlassenschaft des Westens, die zumindest dem Namen nach in dieser Metropole des Ostens erhalten geblieben ist.

Kancheepuram oder Mahabalipuram, die beiden heiligen Städte im tiefen Süden Indiens, erreicht man von Madras aus nur mit dem Auto. Im Hotel bestand man höflich darauf, dass wir ein Auto mit Chauffeur mieteten. Irgendwann begriff ich, dass dem höflichen Beharren ein entschiedenes staatliches Verbot zugrunde lag. Im Bundesstaat Tamil Nadu ist es Touristen aus Sicherheitsgründen nicht gestattet, persönlich ein Mietauto zu lenken.

Zu jener Stunde befanden Maria José und ich uns auf halbem Weg zwischen Kancheepuram und Mahabalipuram. Wir waren schon lang unterwegs, das Auto war ein ziemlich mitgenommener Ambassador, ein indisches Fabrikat ohne Klimaanlage. Das Fenster auf meiner Seite ließ sich nur einen Spaltbreit öffnen. Der Chauffeur war ein schweigsamer und widerspenstiger Mann, ich hatte erfolglos versucht, mich mit ihm über die religiösen Bräuche der beiden großen heiligen Städte zu unterhalten. »Wahrscheinlich erfahren Sie in Ihrem Führer mehr als von mir«, hatte er kurz angebunden erklärt, und dann hatten wir geschwiegen. Es war schrecklich heiß, die Stoßdämpfer hatten den Dienst aufgegeben, und ich spürte jedes Schlagloch in meinem Kreuz. Umsonst betätigte ich die Kurbel des Fensters, und aufgrund der Kunstledersitze schwitzte ich so sehr, dass mir das Hemd am Rücken klebte.

Resigniert schloss ich die Augen. Die Straße war von Mangobäumen gesäumt, der Chauffeur fuhr konzentriert und rauchte eine aromatische indische Zigarette, eine von der Sorte, die aus einem einzigen Tabakblatt gerollt sind und Ganesh heißen. Ich döste ein, öffnete dann wieder die Augen und schaute durch die Windschutzscheibe. Wir standen vor einem beschrankten Bahnübergang. In Indien kann man vor einer Bahnschranke alles Mögliche finden. Und tatsächlich waren die Reisenden, die vor der Schranke warteten, sehr unterschiedlich. Da war eine Motorrikscha, deren Fahrer abgestiegen war, sie war gelb bemalt und trug eine riesige unleserliche Aufschrift, vielleicht auf Hindi, vielleicht in einer Sprache des Südens. Mit einem Wort: das Unbekannte. Da war ein Mann auf einem Fahrrad mit weiß bemaltem Gesicht und einer Mullbinde vor dem Mund, er war bestimmt ein Janaist, die weiße Gesichtsbemalung war ein Zeichen von Demut und die Mullbinde vor dem Mund sollte ihn daran hindern, ein Insekt zu schlucken, in dem sich vielleicht ein Mensch verbarg, der gerade eine andere Daseinsform durchlief. Da war ein Elefant mit violetten Zeichen auf der Stirn, vielleicht ein heiliger Elefant, der von seinem Karnak geritten wurde. Schließlich kam ein Motorroller und stellte sich rechts neben das Taxi, direkt neben mich. Der Fahrer war ein ziemlich junger Mann mit zwei bunten Zeichen auf der Stirn und einem weißen Hemd, das ihm bis zu den Knien reichte. Auf dem Gepäckträger hatte er quer einen langen und dünnen, weiß umwickelten Behälter befestigt, der aussah wie ein riesiges Brötchen.

Ich fragte den Chauffeur, was er wohl transportierte. Der zog an seiner Zigarette und antwortete, als wäre es das Natürlichste auf der Welt: »Eine Leiche.« Ich hatte nicht den Mut, darauf zu antworten. Die Sonne war unbarmherzig, ich schwitzte, ich fühlte mich unwohl, am liebsten wäre ich woanders gewesen, stattdessen war ich hier, vor diesem absurden Bahnübergang, neben einem Mann auf einem Motorroller, der eine Leiche transportierte wie ein Paket. Dann überwand ich meinen Widerwillen und fragte: »Eine Leiche, warum transportiert er eine Leiche?« »Er bringt sie zur Verbrennungsstätte in einem Tempel in Mahabalipuram«, antwortete der Chauffeur gleichmütig, »dort gibt es Scheiterhaufen, und das Wasser der Seen ist heilig, dort kann man die Asche bestatten«.

Durch den Spalt im Fenster warf ich einen verstohlenen Blick auf den Mann. Er fühlte sich beobachtet und betrachtete mich seinerseits. Ich nickte ihm grüßend zu, aber er blieb unbeweglich; er betrachtete den Bahnübergang vor sich, oder vielmehr blickte über ihn hinaus. Ich verspürte allmählich ein schwer zu beschreibendes Unbehagen, als ob ich die Notwendigkeit verspürte, ihm in gewisser Weise mein Beileid oder etwas Ähnliches auszudrücken, und da mir das nicht möglich war, verspürte ich so etwas Ähnliches wie ein Schuldgefühl. Der verfluchte Zug verspätete sich, inzwischen warteten wir hier seit mindestens einer Viertelstunde, ich war schweißgebadet, das stotternde Geräusch des Motors, den der Mann nicht abgestellt hatte, hämmerte in meinem Hirn. Ich überlegte mir, was man einem Menschen sagen konnte, der sich aufgrund eines merkwürdigen Zufalls auf demselben Weg befindet wie man selbst, der jedoch keine Lustreise unternimmt, sondern eine Leiche auf einem Moped transportiert, vielleicht seinen Vater oder seine Mutter, wer weiß. Sagt man zu ihm: Fahren Sie auch nach Mahabalipuram? Oder: Mein tief empfundenes Beileid? Und außerdem: Müssen zwei menschliche Wesen unter solchen Umständen überhaupt miteinander reden?

Ich sah Maria José ratsuchend an, aber sie war genauso verwirrt wie ich. Neben uns stand ein Marsmensch, der allerdings total menschlich war, aber wie konnten wir, die wir unsererseits Marsmenschen waren, mit einem Menschen kommunizieren? Plötzlich hatte ich eine Eingebung, ich sprach die Worte aus, noch bevor ich sie in Gedanken hatte formulieren können; ich sah den Mann an und äußerte den lächerlichsten Satz, den man unter solchen Umständen von sich geben kam. Ich zeigte mit dem Finger auf meine Brust und sagte: »I am Italian.« Auch er sah mich an, es war ein sanfter und undurchdringlicher Blick, der in keiner Weise zu erkennen gab, dass er mich verstanden hatte. Ich drückte Maria Josés Hand und wiederholte automatisch und leise: »Italian«.

Aber in diesem Augenblick fuhr der Zug vorbei, die Schranke hob sich und unser Chauffeur fuhr augenblicklich los, hupend, um Tiere und Radfahrer zu überholen. Instinktiv drehte ich mich um, um den Mann mit der Leiche noch einmal zu sehen. Sein Gesicht hatte sich zu einem breiten Grinsen verzogen, seine Augen leuchteten und er klopfte auf die Lenkstange seines Mopeds. »Vespa!«, schrie er, »Vespa!«

So ist er mir in Erinnerung geblieben, während er im Heckfenster immer kleiner wurde und mit auslandenden Armbewegungen winkte. Und auch ich streckte die Hand durch den Spalt im Fenster und winkte.

In einem Kapitel des *Indischen Nachtstücks* wird mein Protagonist (ein Tourist aus dem Westen, der sich auf den Spuren eines verschwundenen Freundes nach Indien begeben hat) von einem Mitglied der Theosophischen Gesellschaft in Madras, einem gebildeten und hochnäsigen Herrn, einer Art Prüfung unterzogen. Er fragt ihn, was er denn über Indien wisse. Peinlich berührt ob der eigenen Unwissenheit, gewissermaßen an einem wunden Punkt getroffen, antwortet mein Protagonist unfreundlich, er verdanke seine Indienkenntnisse einem englischen Reiseführer, *India, a travel survival kit,* und vor allem einem Büchlein aus der französischen Reihe *Que sais-je?* (einer Art Stichwortsammlung) mit dem Titel *L'Inde – Que sais-je?*

Ich hatte dem Roman ein mit A. T. signiertes Vorwort vorangestellt, das folgendermaßen beginnt: »Dieses Buch ist nicht nur das Ergebnis von Schlaflosigkeit, sondern auch einer Reise. Die Schlaflosigkeit gehört dem, der das Buch geschrieben hat, die Reise dem, der sie unternahm.« Ich leugne nicht, dass dieser Erklärung, die für jedes Buch zutrifft, jedoch extra für Narratologen geschrieben zu sein scheint, eine *excusatio non petita* zugrunde liegt. Es ist an der Zeit, es zu gestehen: Die Indienkenntnisse des Schlaflosen, des Autors des Buches, unterschieden sich nicht sehr von den Kenntnissen dessen, der die Reise unternahm, also seines Protagonisten. Das »schlechte Gewissen«, ein Phänomen, das natürlich erst im Nachhinein eintritt, ließ nicht lange auf sich warten. Als wollte ich meine Person aus dem Zustand der totalen Ahnungslosigkeit retten, begann ich all das zu lesen, was sie vor dem Antritt ihrer Reise über Indien hätte lesen sollen. Ist es möglich, fragte ich mich allmählich, dass ein Autor trotz der vielen Kenntnisse, die uns die großen Weltreisenden seit dem Mittelalter hinterlassen haben, so tollkühn ist, eine derart ahnungslose Person in einem seiner Romane auftreten zu lassen, sie auf einen solchen Kontinent schickt und durchaus heikle Situationen bewältigen lässt?

Auf meinem Schreibtisch häuften sich allmählich Bücher, bis ich glaubte, genug Material zu besitzen, um meiner Person sagen zu können, wie sie sich in den jeweiligen Situationen richtig verhalten und wie sie hätte reagieren sollen. Ich las zum Beispiel das Kapitel wieder, in dem sich mein Protagonist auf dem Bahnhof von Bombay mit einem Jainisten unterhält, der zum Sterben nach Madras fährt, und sagte zu ihm: »Lass wenigstens einen ordentlichen Satz über den Jainismus fallen, du hast ja diesen Religionshistoriker gelesen, merkst du denn nicht, dass euer Gespräch klingt, als würden sich zwei Taube unterhalten?« Oder ich las das Kapitel wieder, in dem der Tourist das abgewohnte Hotel Khajuraho betritt, törichterweise Angst bekommt und erklärt, seine Botschaft wisse, wo er sich aufhalte. Ich sagte zu ihm: »Benimm dich wie der englische Journalist, der durch die ganze Welt gereist ist und in so einer Situation sehr gut weiß, dass man einer Person aus dem Westen kein Haar krümmen würde, du hast dich benommen wie ein Trottel.« Das dachte ich, denn ich glaubte, mittlerweile genug über Indien zu wissen.

Aber über Indien weiß man niemals genug.

Vor kurzem ist mir eine »Indien-Enzyklopädie« im wahrsten Sinn des Wortes in die Hände gefallen. *L'elefante ha messo le ali. L'India del XXI secolo* von Antonio Armellini. Der Autor war italienischer Botschafter in Neu-Delhi und ist im Augenblick OSZE-Botschafter in Paris. Ich habe sein Buch als »Enzyklopädie« bezeichnet, obwohl der Autor, ein umfassend gebildeter Ökonom, vor allem das Ziel hatte, Indien unter sozialen und ökonomischen Gesichtspunkten darzustellen. Tatsächlich weist das Buch nicht nur Grafiken, Statistiken und konkrete Daten auf, sondern verfügt auch über einen ausführlichen Anhang, in dem die politischen Parteien Indiens und die verschiedenen Minister der Regierung von Manmohan Singh aufgelistet sind (es gibt in unseren Augen seltsame Ministerien: ein Ministerium für Sozialen Aufstieg und Soziale Gerechtigkeit, für Wasserressourcen, für Minderheiten, für Textilindustrie und Geowissenschaften). Diese Kapitel des Buches sind in ihrer statistischen Trockenheit etwas sperrig und unzugänglich für Literaten. Aber wenn man die Hindernisse der Zahlen und der Statistiken umgeht, findet der neugierige Leser in Armellinis Buch alles Wissenswerte über Indien.

»Wenn man sich Indien nähert, offenbart es seine mannigfaltigen Gesichter. Es gibt das spirituelle und phantastische Indien, das mit seiner Botschaft der Toleranz und tausendjähriger Weisheit fasziniert, und von dem sich vor allem Menschen angelockt fühlen, die sich in den Aschrams auf die Suche nach dem wahren Ich begeben. Es gibt das Indien der Touristen, die den Reichtum des Landes auf oft oberflächliche Weise erkunden und davon geblendet sind. Und es gibt das Indien derer, die hier leben und arbeiten, die Tag für Tag mit außergewöhnlichen Möglichkeiten und nicht minder außergewöhnlichen Idiosynkrasien konfrontiert sind. Sie alle aufzuzählen, wäre ein genauso ehrgeiziges wie unmögliches Projekt: Es handelt sich um viel zu komplexe und unterschiedliche Realitäten, um sie auf wenigen Seiten zu erfassen. Ich habe mir das bescheidenere Ziel gesetzt, den letztgenannten Aspekt Indiens zu beschreiben. Ich werde mich bemühen, mit dem Blick dessen, der hier mehrere, und wie ich hoffe, lehrreiche Jahre verbracht hat, einen Erklärungsansatz für das aktuelle Geschehen zu geben.«

Der Autor behauptet in aller Bescheidenheit, seine Untersuchung auf den sozialen und wirtschaftlichen Bereich zu beschränken, aber sein Buch bietet einen viel umfassenderen Blick auf Indien, er schließt auch den kulturellen, literarischen, spirituellen, ethnologischen, anthropologischen Aspekt mit ein und berücksichtigt dazu die ersten Annäherungsversuche aus dem Westen, als Marco Polo, Matteo Ricci und Filippi Sassetti Indien entdeckten. Wenn der Wissenschaftler sich zum Beispiel mit der indischen Gesellschaft (also mit den Kasten) beschäftigt, spricht er notwendigerweise auch über den religiösen Aspekt Indiens, der sich in der sozialen Struktur konkretisiert; und wenn er über Massenmedien, über Konsensbildung, das politische System und die Presse spricht, befasst er sich notwendigerweise auch mit Kultur und Literatur. Die ausführliche Bibliographie, die zeitlich weit auseinanderliegende Werke aus den verschiedensten Wissensdisziplinen zitiert, angefangen bei einer Studie über Gandhi (B. R. Ambedkar, *Gandhi and Gandhism*), über das Bildungssystem (Myron Weiner, *The Child and the State in India: Child Labor and Education*), bis hin zur Analyse des Militärsystems (The International Institute for Strategic Studies, *The Military Balance*), macht auch vor Büchern nicht halt, die vorrangig Literaten ansprechen (Karan Thapar, *Face to Face India* und *Sunday Sentiments*), und erwähnt sogar die Bücher ahnungsloser Reisender, die nur eine vage Idee von Indien hatten (Alberto Moravia, *Eine Idee über Indien*), dessen Geruch einfangen wollten (Pasolini, *Der Atem Indiens*) oder es des Nachts betrachteten *(Indisches Nachtstück).*

Ich frage mich allerdings, ob ich meinen Roman auch geschrieben hätte, wenn ich zur Zeit des *Indischen Nachtstücks* mit der Fülle an Informationen nach Indien gefahren wäre, die ich heute besitze. Und selbst wenn ja, hätte ich dasselbe Buch geschrieben? Gewiss nicht. Es wäre ein anderes Buch geworden, das Buch eines Autors, der weiß, wie man dort spricht. Auch wenn das Buch dem gehört, der es schrieb, und die Reise dem, der sie unternahm, besteht vielleicht der wahre »Verdienst« dieses kurzen Romans in der unschuldigen Naivität dessen, der die Reise unternahm. Die unschuldige Naivität, die der Theosoph aus Madras mit Arroganz verwechselte, kann in einem absolut unbekannten Land oft ein guter Geleitbrief sein.

L'Inde. Que sais-je?

IV.
AUSTRALISCHES
TAGEBUCH

1. Die Mythen der Aborigines sterben im Museum

Der Empfang, der uns bereitet wird, ist hart, kalt, fast abweisend. Während der Landung werden wir über Lautsprecher informiert, dass das Flugzeug (und die Passagiere) »desinfiziert« (sic) werden, sobald wir auf der Landepiste von Melbourne stehen, und zwar mit einem speziellen Spray, den die Weltgesundheitsbehörde zur Bekämpfung von eventuellen Mikroben freigegeben hat, die der australischen Fauna schaden könnten.

Offenbar wendet Australien drastische Methoden an, um seine größte wirtschaftliche Ressource zu schützen, einen Viehbestand, der aus zweiundzwanzig Millionen Tieren besteht, davon dreizehn Millionen Schafe. Ich werfe meiner Tochter, die mich auf dieser Reise begleitet, einen Blick zu. Was sind das für Mikroben, die das wundersame Spray vernichten kann? Geheimnis.

»Das Problem ist ganz ein anderes«, vertraut mir einer der Flugbegleiter an, »ich kenne die Australier gut, glauben Sie mir, es geht nicht um die Tiere; sie haben Angst vor Krankheiten, sie haben Angst sich anzustecken.« Vielleicht werde ich während meines Aufenthalts Gelegenheit haben, die Australier, die ich kennenlerne, genauer zu dem Thema zu befragen. Manche Völker haben vor Krankheiten eindeutig mehr Angst als andere. Während, wie immer nach der Landung, die typische Musik erklingt, denke ich, dass Völker mit junger Kultur, die erst in den letzten Jahren der Geschichte auf den Plan getreten sind, die größte Angst vor dem Tod haben. Die älteren Völker haben mehr Erfahrung mit dem Tod, sie haben ihn mit Riten, Festen, Mythen exorziert. Die jungen Völker haben diese Erfahrung nicht: Sie essen Vitamine, versprühen Energie und haben manchmal auch Todesangst vor Mikroben.

Und da betreten auch schon zwei Männer das Flugzeug, sie tragen karierte Jacken wie in einem amerikanischen Film aus den dreißiger Jahren. Sie haben Spraydosen bei sich und besprühen alles, um die gefährlichen italienischen Mikroben zu vernichten. Und dann müssen wir das Flugzeug über einen engen Gang verlassen, aber das Schönste kommt erst. Denn in eine Boeing 747 passen viele Passagiere, und das Flugzeug aus Italien, das heute Morgen gelandet ist, ist voll besetzt: zum Großteil mit Emigranten, die nach den Ferien nach Australien zurückkehren, oder mit Verwandten von Emigranten, die ihre Familien besuchen. Die Menschenschlange bewegt sich unerträglich langsam, und nach einer halben Stunde verstehe ich, warum. Beim Ausgang steht eine strenge Polizistin, die immer nur drei Personen auf einmal durchlässt und sie zu drei Schaltern begleitet, wo drei nicht minder strenge Kollegen sitzen, die man passieren muss, um in Australien einzureisen. Endlich bin ich an der Reihe. Ich zeige das ordnungsgemäße Visum, das mir von der Australischen Botschaft in Rom ausgestellt worden ist, aber das stellt die Polizistin nicht zufrieden. Sie möchte mehr wissen. Wo ich wohnen werde, wie viel Geld ich bei mir habe, wie lange ich bleibe. Ein regelrechtes Verhör.

Jetzt stehe ich beim Gepäckband und warte auf die Koffer. Mit einem Freund, einem italienischen Verleger, der ebenfalls zu dem Übersetzungskongress hierhergereist ist, unterhalte ich mich über das Erlebte; wir stellen uns vor, wie die Australier reagieren würden, wenn plötzlich eine Welle von Einwanderern über das Land hereinschwappte, wie es eben erst in Europa geschehen ist. Wir müssen lachen. Ein junger Polizist tritt auf uns zu und fordert mich unhöflich auf, meinen Pass herzuzeigen. Ich habe die Grenzkontrolle bereits passiert, ich habe alle Fragen seiner Kollegin beantwortet, ich habe den Einreisestempel in meinem Pass. Mit schneidender Stimme fragt er mich nach dem Grund meiner Einreise. Ich antworte, dass man mich zu einer Konferenz eingeladen hat. Zeigen Sie mir die Einladung, sagt er. Die Einladung habe ich zu Hause gelassen. Der befreundete Verleger kommt mir zu Hilfe, er hat die Einladung vorsorglich mitgenommen. Der Polizist geht, und erst jetzt verstehe ich den Grund, warum er mich einem so peinlichen Verhör unterzogen hat. Weil ich gelacht habe. Meine Fröhlichkeit »störte« seine Art des Denkens, seine Selbstgefälligkeit, sie war ein Einbruch in sein »Territorium«. Es war eine fremdenfeindliche Reaktion.

Und dann bin ich in Melbourne. Mit meinem Gastgeber, Carlo Coen, dem Direktor des italienischen Kulturinstituts, der mich vom Flughafen abgeholt hat, fahre ich im Auto durch Melbourne. Meine beiden italienischen Freunde, Luigi Brioschi und Maurizio Cucchi, fahren direkt ins Hotel. Ruhiger Verkehr, ruhige Straßen, ruhige Menschen. Auf den Bewohner einer italienischen Stadt macht das einen seltsamen Eindruck. Dazu kommt noch die verstörende

Wirkung der Weite: riesige Räume, in denen kleine, weit auseinanderliegende und von Gärten umgebene Holzhäuschen stehen. Und auch alte Ziegelhäuser, mit Veranden, die von Wellblech überdacht sind, ein Relikt aus Pionierzeiten.

Wir fahren die Alexandra Avenue hinunter, den Yarra-Fluss entlang, durch ein »gutes« Wohnviertel. Die viktorianischen Häuser hier sind von nüchterner Eleganz, die Straße wird von jahrhundertealten Eichen und makellosen Rasenflächen gesäumt, und über den Fluss führen merkwürdige Brücken. Ein paar Jogger sind unterwegs, ein Kanu mit Kanufahrern, die die Ruder synchron ins Wasser tauchen, ein paar alte Damen, die spazieren gehen. Eine Atmosphäre von Old England, ein auf die Gegenseite verpflanzter Zipfel Europas, ein Land mit dem Habitus der Pioniere, wie man ihn noch an den Beamten wahrnimmt, vermischt mit der Erinnerung an eine alte Kultur.

Aber eigentlich habe ich meinen Gastgeber nur deshalb gebeten, durch South Yarra zu fahren, weil es früh am Morgen und trotz des Jetlags besser ist, sich schnell an die neue Uhrzeit zu gewöhnen, und weil ich die Royal Botanic Gardens sehen möchte, die man mir in den höchsten Tönen beschrieben hat. Und ich staune tatsächlich. Ein Park, in dem Rosen und Farne, Pinien und Dattelbäume, Eichen und Bengalakakteen nebeneinander wachsen. Und viele Pflanzen, die ich gar nicht kenne, denn ich bin kein Botaniker, ich trauere lediglich einer Natur nach, die mittlerweile auf der ganzen Welt dem Untergang geweiht zu sein scheint. Ich glaube, das ist die beste Weise, einen ersten Kontakt mit Australien aufzunehmen.

Es ist später Vormittag und Feiertag. Die Sonne scheint und die Akazien und Magnolien beginnen zu blühen. Ich und meine Tochter beschließen, den Tag in der National Gallery of Victoria zu verbringen, dem wichtigsten Museum bildender Kunst in Melbourne. Ich möchte gern einen Goya und einen Rembrandt sehen, die aus irgendwelchen Gründen hier gelandet sind.

Die National Gallery ist nur einen Katzensprung von der City entfernt. Wir können zu Fuß hingehen. Sie befindet sich in einem ultramodernen Gebäude mit kühner Architektur, wo das Licht durch eine monumentale Glaswand einfällt. Es ist Mittagszeit. Im Inneren des Museums befindet sich ein schönes Restaurant, das auf einen Garten mit einer riesigen Magnolie blickt. Junge, intellektuell wirkende Menschen sitzen hier, zwei elegante Damen mit Hut, viele Paare vom Land, die gewiss von weit her gekommen sind und etwas fehl am Platz wirken. Abgesehen vom Salatbüfett und kalten Speisen gibt es als Tagesgericht einen *meat pie*, übrigens das australische Nationalgericht, das man uns in Tomatensauce schwimmend serviert.

Am Nebentisch sitzt ein junges Paar, das Französisch spricht. Die beiden wirken sehr gepflegt und aufgeweckt. Ich beginne ein Gespräch und frage, ob sie Touristen sind. Es sind Kanadier und sie stammen aus Québec. Sie sind vor zwei Jahren in Australien eingewandert und leben in der Umgebung von Melbourne. Er arbeitet bei einer Fluggesellschaft, sie als Sekretärin in einer Import-Exportfirma. Sie kommen jeden Sonntag in die National Gallery. »Um Manet und Monet zu sehen«, sagt er im Tonfall von jemandem, der keinen Widerspruch duldet, »die größten Maler der Moderne«.

Ich bin wegen Goya und Rembrandt in die National Gallery gekommen, aber drei Bilder, die ich hier nicht erwartet hatte, sind für mich eine totale Überraschung. Das erste ist ein in flammenden Gelbtönen gehaltenes Ölbild von Turner, *A Mountain Scene of Val d'Aosta* aus dem Jahr 1836, ein Turner, bei dem einem schwindlig wird, wo Farbe zu reiner Abstraktion und Musik wird. Ein Stück weiter, inmitten ziemlich mittelmäßiger französischer Bilder, ein Bonnard aus dem Jahr 1900, *La sieste*, ein wollüstiger weiblicher Akt, der bäuchlings auf einem ungemachten Bett liegt. Und etwas abseits, als ob man ihn hier vergessen hätte, ein rührender Modigliani, *Porträt des Malers Manuel Humbert*, der mich mit feuchten Augen anblickt. Wer weiß, wie sich diese drei Bilder in diesem Museum fühlen, das zwar eine ultramoderne Architektur aufweist, wo jedoch Bilder aus allen beliebigen Epochen und Schulen bunt durcheinandergewürfelt wie in einem Lager hängen.

Am faszinierendsten sind, zumindest für uns, die Säle, die der Kunst der Aborigines gewidmet sind. Australien hat seinen Ureinwohnern relativ spät die Bürgerrechte gewährt. Erst 1967 wurden den Aborigines infolge einer Volksbefragung Staatsbürgerschaft, Wahlrecht und Bewegungsfreiheit zugestanden. Und in der Folge davon hat man auch die Kultur der Ureinwohner »entdeckt«, als hätte man die Australier mithilfe eines parlamentarischen Gesetzes dazu verdonnert. Man hat sie in den Museen aufgenommen. Nach dem, was ich über sie gelesen habe, glaube ich zu wissen, dass die »hässlichsten Wilden«, wie der Engländer Dampier sie Ende des 17. Jahrhunderts nannte, eines der spirituellsten Völker der Erde sind. Ihre Kultur braucht keine Tempel und auch keine Priester, sie kreist um das Zeitalter des Traumes, den mythischen Anfang der Welt, die Entstehung der Erde und des Menschen, als die spirituellen Kräfte, die das Universum beherrschten, Gestalt annahmen, um die Erde zu bevölkern und Leben zu schaffen. Der Olymp dieser »hässlichen Wilden«, der sich kaum in unsere kulturellen Kategorien übersetzen lässt, ist raffiniert und abstrakt, absolut mythologisch und zutiefst animistisch. In der National Gallery gibt es zwei wunderbare Gemälde von zwei eingeborenen Künstlern dieses Jahrhunderts: Watjinbuy Marawili hat den Gott Baru, den Schöpfer des Feuers gemalt, Narritjin Maymuru wiederum Guwark, den Vogel der Nacht. Es sind Erdpigmente auf Baumrinde, schwarze und Ocker-Farben, die eine Art Labyrinth bilden, die weit entfernte Geometrie einer Kultur, die von der Zivilisation der Weißen zerstört worden ist.

2. Melbourne, Sex und *credit card*

Arbeitstag im Beckett Theatre. Bei dem Kongress geht es um Übersetzung. Um die Möglichkeiten und Grenzen der Übersetzung, um Übersetzungserfahrungen. Die Teilnehmer, Schriftsteller und Kritiker, kennen das Problem alle aus persönlicher Erfahrung: nicht nur das Problem der Übersetzung aus anderen Sprachen, sondern auch der Übersetzung aus der »eigenen« Sprache. Es handelt sich um alloglotte Schriftsteller, die aus allen möglichen Sprachgebieten kommen und Englisch als ihr Ausdrucksmittel gewählt haben. Leicht verständlich, wie wichtig das Thema in einem Einwanderungsland wie Australien ist. Der Kongress wird vom italienischen Kulturinstitut oder besser gesagt von Carlo Coen organisiert, der sich persönlich um alles gekümmert hat.

Cocktail mit Schriftstellern in South Yarry. Ich bin überrascht und glücklich, hier eine liebe Freundin, Gaia Servadio zu treffen, die aus London angereist ist. Steifes Ambiente, Schriftsteller und Kritiker tragen Blazer und Krawatte. Am Eingang stehen zwei eifrige junge Frauen, die uns Namenskärtchen ans Revers heften. Dem angelsächsischen Brauch zufolge ist es sehr wichtig, sich beim Gespräch namentlich anzusprechen. Nach einer knappen Stunde teile ich Gaia Servadio mit, dass es mich ein wenig stört, mit Mister Tebucci angesprochen zu werden, so spricht man hier nämlich meinen Namen aus. Gaia schlägt mir vor, die Kärtchen zu tauschen. Auch sie hält es nicht länger aus, mit Misses Servèdio angesprochen zu werden. So laufen wir zwischen den Gästen herum, ich als Gaia Servadio und sie als Antonio Tabucchi, niemandem fällt auf, dass wir getauscht haben, und als wir gehen, bin ich Mister Servèdio, und sie Misses Tebucci. Bye, bye, sagt man zu uns.

Acht Uhr abends, wir sind zu Fuß in einer Querstraße der Collins Street, in der City of Melbourne unterwegs. Vor einem kleinen Türchen, das aussieht wie ein Haus, das inmitten von Wolkenkratzern überlebt hat, tritt ein Mann mit Schirmmütze auf mich zu und überreicht mir ein Kärtchen, auf dem steht: *Malaisyan sex.* So etwas ist man von der Pigalle oder von Hamburg gewöhnt, wo Sex mit Neonschriftzügen und bunten Lämpchen beworben wird. Aber hier gibt es überhaupt keine Spur von Reklame: nur ein Eisentor, das aussieht wie eine Garageneinfahrt. Neugierig geworden gehe ich zu dem Türchen. Es gibt einen Kartenschalter und auf einem sehr diskreten Schild steht in bürokratischem Ton, dass man an diesem Abend für wenige Dollar einer Vorführung von malaysischem Sex beiwohnen kann. Es ist ein Bordell. Offenbar ein inoffizielles Bordell.

Australien ist nach wie vor ein viktorianisches Land, hat mir ein australischer Freund erzählt, die Sexualität wird hier kontrolliert, es gibt eine strenge Zensur, sogar die Filme, die im Fernsehen gezeigt werden, sind zensiert, nur SBS zeigt nicht geschnittene Filme, aber erst spät in der Nacht, niemand sieht sie. Und abschließend sagt er: Ich empfehle dir, dir die gelben Seiten unter dem Stichwort *Escort* anzusehen, dann wirst du vieles verstehen.

Die gelben Seiten unter dem Stichwort *Escort* sind ein wahres Vergnügen. In alphabetischer Reihenfolge reihen sich aneinander: die Agentur All Night für *Young or mature companions.* Auf *Annabella* folgen *Linda* und *Fanny, Pussy Pussy, Spanish fire* und so weiter, und das auf achtzehn Telefonbuchseiten. Leicht bekleidete Mädchen (oder die Agentur an ihrer Stelle) zählen ihre Vorteile auf und beschreiben ausführlich ihren Körper. Oft nicht nur auf Englisch, sondern auch auf Japanisch. Offensichtlich brauchen besonders japanische Touristen *escort*. Alle empfangen ihre Kunden zu Hause, aber für einen gewissen Aufpreis kommen sie auch ins Hotel. Und alle akzeptieren Kreditkarten. Ich frage mich, ob Pussy Pussy bei ihrem Besuch im Hotel mit einer großen Tasche auftaucht, aus der sie ein schweres Gerät zieht, um die Kreditkartentransaktion durchzuführen. Die Wunder der modernen Zeit!

Prostitution gilt offenbar als öffentliche Dienstleistung, damit steht sie neben Apotheken, Installateuren oder Automechanikern. Und so wird sie auch mit bürokratischer Effizienz auf den gelben Seiten angeführt. Handelt es sich um eine Form von Wohlanständigkeit, wenn käuflicher Sex am Telefon verhandelt wird, oder, wie mein Freund George behauptet, um typisch britannischen Pragmatismus?

Ein angenehmes nachmittägliches Gespräch mit Professor Tom O'Neill. Er ist gebildet, kultiviert, ein profunder Kenner der italienischen Literatur und (trotz seines Namens) ein Schotte, der in Dublin studiert hat und nun an der Universität Melbourne den Lehrstuhl für *Italian Studies* innehat. Unter anderem hat er bei der Irish Academic Press eine kritische Ausgabe von Sciascias *Contesto* herausgegeben, und einen umfangreichen kritischen Essay über Foscolos *Of Virgin Muses and of Love*. Er kann Foscolo auswendig aufsagen. Er ist in Florenz verliebt, wo er einige Jahre gelebt hat, und das macht uns augenblicklich zu so etwas wie Komplizen. Er fragt mich, ob es die Trattoria da Nello in Borgo Pinti noch gibt. So unterhalten wir uns über Florenz, über Stendhal in Santa Croce und das Syndrom, das seinen Namen trägt. Offenbar ist das Phänomen bei Touristen weiter verbreitet als man glaubt, und eine italienische Psychoanalytikerin untersucht das neue Syndrom. Tom lacht: »In Australien kann dir so etwas nicht passieren.«

3. Von der Universität nach Hanging Rock

Im Malthouse Club in der Stuart Street, dem Ort, wo das Schriftstellerfestival stattfindet. Langes Gespräch mit Mark Worner und Brian Matthews. Heute steht ein »Verbrüderungscocktail« auf dem Programm, also bin ich gekommen, um mich zu verbrüdern. Mark Worner ist der literarische Leiter des Melbourne International Festival. Er erzählt mir, dass das Festival zum ersten Mal 1986 aufgrund einer Kooperation von Spoleto und Melbourne stattgefunden hat, unter der Leitung von Gian Carlo Menotti. Dann hat man in Australien beschlossen, allein weiterzumachen. Er ist sehr stolz auf seine Initiative, ihr Ziel besteht vor allem darin, australische Schriftsteller im Ausland und ausländische Schriftsteller in Australien bekannt zu machen.

Der Schriftsteller Brian Matthews wird von der australischen Kritik sehr geschätzt, ist aber in Italien kaum bekannt. Es heißt, er stünde den Positionen der Feministinnen sehr nahe, die hier sehr aktiv sind, und einen »feministischen« Schriftsteller trifft man nicht alle Tage. Er antwortet, ja, in seinem *Quickening and Other Stories,* dem Buch, mit dem er berühmt geworden ist, ginge es um Mann-Frau-Beziehungen, aber er würde es nicht als »feministisch« bezeichnen. Eigentlich stünde er beiden Geschlechtern kritisch gegenüber, er analysiere in seinem Buch die flüchtige und unveränderlich schwierige Beziehung von Mann und Frau. *Louisa* hingegen ist die Biographie der Mutter des großen australischen Dichters Henry Lawson, einer Frau, die zweifellos eine Vorkämpferin des Feminismus war. Die Erzählungen haben ihn berühmt gemacht, aber *Louisa* war ein großer

Verkaufserfolg, und Brian ist stolz darauf. Ich frage ihn, ob Australien ein patriarchales Land ist. Er bejaht, und ich erwidere, dass die Frauen der Siedler zweifellos sehr wichtig für die Geschichte des Landes waren. Vielleicht mehr als die Männer, antwortet er, aber in der offiziellen Geschichte kommen sie nicht vor.

Die Melbourne University befindet sich am Stadtrand, auf dem Campus von Parkville, einem großen Areal mit niedrigen Gebäuden mitten im Grünen. Dahinter liegt ein großes unterirdisches Parkhaus, von dort muss man zu Fuß weitergehen. Tom O'Neill hat mich zu einem Gespräch mit Italienischstudenten eingeladen. Am Romanistikinstitut, wo Italienisch und Französisch unterrichtet wird, schreiben sich alle vier Jahre ungefähr zweihundert Studenten ein. Ich muss mit den Erstsemestern sprechen, denn an der Italianistik beginnt man hier mit der leichter verständlichen zeitgenössischen Literatur, während das 19. Jahrhundert und die Klassiker erst später auf dem Lehrplan stehen. Dieses Jahr hat Professor O'Neill das *Indische Nachtstück* auf die Lektüreliste gesetzt. Die Universität verfügt über eine ausgezeichnete Infrastruktur: eine wunderschöne Bibliothek, die auch am Abend geöffnet ist, geräumige und saubere Lehrsäle, zwei Mensen für die Studenten, eine etwas teurere mit Bedienung, und ein billigeres Selbstbedienungsrestaurant, das Pizza House heißt.

Die Studenten sind freundlich, diszipliniert, wohlerzogen, manche tragen Sakko und Krawatte, andere sind lässiger gekleidet, in Jeans. Ein paar haben auch Ohrringe und kurz geschorene Haare. Viele sind italienischer Herkunft, aber auch sie, erklärt mir O'Neill, besuchen das Sprachlabor, weil zu Hause fast nur Dialekt gesprochen wird.

Nach dem Vortrag fragt mich ein Student, dessen Familie aus den Marken stammt, wie die italienische Universität organisiert ist. Vielleicht hat er vor, in Italien zu studieren, wer weiß. Keine Mensen wie hier bei euch, sage ich, keine Bibliotheken, die bis in die Abendstunden hinein geöffnet sind, keine Räume, in denen man lernen kann, keine Versammlungssäle. Er sieht mich zweifelnd an, und ich merke, dass er mir noch weitere Fragen stellen möchte. Schließlich kommen die Fragen zur Literatur.

Wir essen im Staff House, sozusagen dem Professorenzimmer, einem perfekten englischen Club mit eigener Bibliothek, Kaminfeuer, gemütlichen Stühlen, Klavier und Speisesaal.

Lesung beim Writer's Festival. Paolo Bartoloni, ein australischer Journalist und Schriftsteller italienischer Herkunft beginnt über den *Schwarzen Engel* zu sprechen. Das Publikum hört aufmerksam zu. Es gibt zahlreiche und ausführliche Wortmeldungen. Ein italienisches Mädchen meldet sich zu Wort und fragt mich, auf welche Weise sich ein Schriftsteller gegen die weltweit um sich greifende Amerikanisierung zur Wehr setzen sollte.

Ein anderer Student springt auf und fragt mich trocken: Warum interessiert Sie das Böse? Weil ich alt werde, antworte ich, in Ihrem Alter hat man noch eine heitere Beziehung zur Welt, in meinem Alter sieht man eher die negativen Seiten. Der Junge gibt sich mit der Antwort zufrieden. Die weiteren Fragen sind allgemeiner Art: Welche Bedeutung hat die Literatur in Italien, was macht die italienische Regierung für die Literatur (haha!), welche australischen Schriftsteller kennt man in Italien. Dann beginnt die Lesung. Dichterlesungen, ein angelsächsischer Brauch, sind hier sehr beliebt.

Und damit habe ich meine Pflichten in dieser Stadt erledigt. Mir bleibt noch ein freier Tag, dann werde ich Melbourne verlassen.

Picknick in Hanging Rock. Wir brechen früh am Morgen auf. Die Reisegesellschaft besteht aus mir und meiner Tochter, Maurizio Cucchi und Paolo Bartoloni. Nachdem wir lange durch die Melbourner Vorstädte gefahren sind, die aus blauweiß gestrichenen kleinen Holzhäusern bestehen, erreichen wir das offene Land: riesige, endlose Weiten, ein grenzenloser Horizont.

Nach einigen Kilometern ist man ein wenig betäubt von der Gleichförmigkeit der Landschaft, und in der ersten Ortschaft halten wir an, um Kaffee zu trinken. Der Ort könnte sich auch im amerikanischen Westen befinden, wie man ihn aus dem Kino kennt. Tankstelle mit Snackbar, Postgebäude, zwanzig weiß getünchte Häuser. Alles sauber und gepflegt. Auf der anderen Seite der Straße befindet sich ein kleiner Laden mit Kunsthandwerk. Die Verkäuferin, ein lächelndes Mädchen, überreicht mir gleich einen Prospekt. Der Laden wird von einem Verein zur Unterstützung der Aborigines geführt und verkauft Kunsthandwerk der Ureinwohner. Ich kaufe zwei oder drei kleine Stücke und dann fahren wir weiter. Um nach Hanging Rock zu gelangen, muss man die Bundesstraße verlassen.

Mit dem Auto erreichen wir einen Parkplatz, der ziemlich

weit vom »großen Stein« entfernt ist, dann gehen wir zu Fuß weiter. Weit und breit ist niemand zu sehen, wir sind die einzigen Besucher. Im Übrigen eignet sich die Jahreszeit, ein zaghafter Frühling, nicht gerade für ein Picknick, ist ziemlich kalt. Mittlerweile ist auch ein unangenehmer Wind aufgekommen, der an den Zweigen der Eukalyptusbäume rüttelt. Auf einem kleinen Wohnhaus sitzen merkwürdige graue Vögel (sie heißen Kookaburra), sie zanken sich und geben dabei ein Geräusch von sich, das wie höhnisches Gelächter klingt. Der Ort ist düster, fast unheimlich. Hanging Rock ist ein riesiger rötlich gelber Felsbrocken, der wie durch ein Wunder plötzlich in der flachen Landschaft auftaucht. Der Reiseführer (*Lonely Planet,* wie immer) behauptet, dass es sich um einen »Felsbrocken vulkanischen Ursprungs« handelt, um erstarrte Lava, die in lange zurückliegender Zeit aus einer Felsspalte ausgetreten ist. An diesem Ort sind 1900 drei Mädchen eines vornehmen Internats, die mit ihren Lehrerinnen einen Ausflug machten, auf geheimnisvolle Weise verschwunden. Augenblicklich entstand die Legende eines verwunschenen Ortes, und Ströme von Tinte wurden über den Vorfall vergossen. Beim Hinaufgehen denke ich darüber nach, warum mir der Film von Peter Weir gefallen hat. Weil der Regisseur die merkwürdige Felsformation zu einer Allegorie und einem Symbol erhöht hat: zum Bild eines weit entfernten und geheimnisvollen Kontinents, den die europäische Kultur nie verstanden hat. Hanging Rock ist Australien, das Mädchen verkörpert die Unschuld. Und die Untergebenen Ihrer Majestät, die hierher kamen, waren Diebe, die sich einer jungfräulichen Welt bemächtigten.

Am Fuß des Felsens steht eine Holzbaracke, in der sich

ein Souvenirladen und eine Snackbar befinden. Wir gehen hinein und schauen uns um. Ich frage den Besitzer, einen Mann mit dem Äußeren eines Farmers, einem von Wind und Wetter gegerbten Gesicht, ob es Dias gibt, aber er sagt, sie seien ausgegangen: In dieser Jahreszeit kämen so gut wie keine Besucher. Ich kaufe ein paar Postkarten, und da das Wetter so unfreundlich ist, nehmen wir eine kleine Stärkung zu uns, bevor wir uns an den Aufstieg machen. Ich bin der letzte in der Gruppe, der Aufstieg ist mühsam, die runden Felsen sind rutschig, und ich habe die falschen Schuhe an. Ich setze mich auf einen Felsen, mache ein paar Fotos von dieser seltsamen Landschaft. Die Zeit vergeht, ohne dass ich es merke, und oberhalb von mir, ohne dass ich jemanden sehen könnte, höre ich, wie Maurizio Cucchi meine Tochter besorgt fragt: »Wo ist dein Vater?«

»Verschwunden!« Das Echo wiederholt meine Worte, als würden sie in einer Höhle widerhallen. Ich höre Lachen und die Gruppe kommt wieder herunter. Es ist später Nachmittag, Zeit, nach Melbourne zurückzukehren.

4. Kängurus in Canberra

Canberra. Wer ist auf die Idee gekommen, nach Canberra zu fahren?

Das frage ich mich, während ich mit meiner Tochter zum Black Mountain fahre, dem Fernsehturm, der sich über Canberra erhebt, und in dem sich ein rotierendes Restaurant befindet, von dem aus man das Panorama der Stadt bewundern kann. Es gibt überhaupt keinen Grund, nach

Canberra zu fahren. Canberra ist eine künstliche Stadt, die aufgrund der Rivalität zwischen Melbourne und Sydney als Planhauptstadt aus dem Nichts hochgezogen wurde. Sie entstand nach den beliebigen Plänen des amerikanischen Architekten Burley Griffin, der im ersten Jahrzehnt des 20. Jahrhunderts mit den Bauarbeiten begann, die später in den zwanziger und dreißiger Jahren fortgesetzt wurden. Heute hat die Stadt etwas mehr als zweihunderttausend Einwohner, angeblich ist sie sterbenslangweilig (was man schon bei der Landung ahnt), und am Wochenende, habe ich mir sagen lassen, flüchten die meisten, vor allem die Mitarbeiter der Botschaft, die gezwungen sind, hier zu leben. Abgesehen von den Botschaften, die an und für sich nichts sehr Anziehendes haben, gibt es in Canberra tatsächlich absolut nichts.

Um zum Fernsehturm zu gelangen, befolge ich den Rat meines Reiseführers, *Australia, a travel survival kit,* nämlich entweder den Bus *Canberra Explorer* zu nehmen oder zu Fuß zu gehen, also einen angenehmen Spaziergang zu unternehmen. Wir haben den Bus versäumt, also gehen wir zu Fuß, aber der Spaziergang stellt sich als ziemlich mühsam heraus. Wir sehen zwei kleine Kängurus, die am Rand der Straße herumhüpfen und fressen. Mein Reiseführer hat recht: Kaum verlässt man die Stadt, begegnet man Kängurus, die so zahm sind wie Hündchen.

Kängurus in Canberra. Ich setze mich auf einen Stein, beobachte sie und frage meine Tochter: »Warum sind wir überhaupt nach Canberra gekommen?« Sie denkt nach und sagt: »Denk mal an unsren geschwätzigen Nachbarn, der sich so viel auf die großartigen Reisen einbildet, die er unternimmt. Wir schicken ihm eine Karte aus Canberra, ich bin neugierig, was er für ein Gesicht macht.«

Der Ausblick vom Turm ist noch deprimierender. Man sieht hervorragend die Y-Form des Stadtbauplans, die streng geometrisch angelegten Straßen, den künstlichen See. Ich empfinde dasselbe Unbehagen wie in Brasilia, das Gefühl, sich im Nirgendwo zu befinden, den dringenden Wunsch davonzulaufen. Aber wir sind nun einmal in Canberra, und zwar bis morgen, und wir werden unserem Aufenthalt einen würdigen Anlass geben. Morgen werden wir das *Australian War Memorial* besichtigen, das große Denkmal, das zu Ehren der hunderttausend australischen Soldaten errichtet wurde, die für das alte Europa gefallen sind. Denn die Tatsache, dass die Soldaten eine so weite Reise unternommen haben, um für Europa zu sterben, verdient Respekt. Vielleicht bin ich mit dem unbewussten Wunsch nach Canberra gekommen, den Soldaten, die eine so weite Reise unternommen haben, um den Faschismus in Europa zu bekämpfen, Ehre zu erweisen.

Ich habe ganz vergessen zu erwähnen, dass Canberra ein Ausdruck der Ureinwohner ist und »Treffpunkt« bedeutet.

5. Sydney

Als wir am Abend mit dem Flugzeug in Sydney landen, wirkt Sydney riesig: Die Stadt hat vier Millionen Einwohner, erstreckt sich aber in einem Umkreis von mehr als hundert Kilometern. Hier haben sich die Menschen den australischen Traum vom Häuschen mit Garten erfüllt, vom Landleben mitten in der Stadt. Aber die City sieht ganz anders aus, ist eine Stadt in der Stadt, ein Mittelding aus Hongkong und London. Angelo Carrer vom italienischen Kulturinstitut holt mich am Flughafen ab, er wartet am Ausgang mit einer italienischen Zeitung unter dem Arm auf mich. Er ist sehr freundlich und fürsorglich, begrüßt mich und begleitet uns ins Hotel.

Vormittag. Zuerst Besuch der Oper, dann Spaziergang durch das Aquarium von Sydney, einem weißen Gebäude an der Küste. Im Gefolge meiner Tochter wage ich es, die Plexiglasröhre durch das Haifischbecken zu durchqueren. Es gibt hier Haie aller Arten und Größen, zwei Zentimeter von unserem Gesicht entfernt sperren sie den Rachen auf. Ein paar japanische Touristen machen Fotos. Dann die tropischen Fische. Mich beeindruckt ein *giant crab,* eine Riesenkrabbe, die einen Meter groß ist, auf dem Boden liegt und ruhig atmet. Aber vor allem ein riesiger Zackenbarsch, der unbeweglich in seinem Glasbecken ruht. Hieronymus Bosch hätte seine Freude an ihm gehabt.

Vierzig Kilometer von Sydneys City entfernt, hinter Parramatta, liegt ein großer Koalapark, wo man frei lebende Koalas bewundern kann. Die lustig aussehenden Plüschbären mit der feuchten Nase führen ein mehr oder weniger vegetatives Leben: sie fressen und schlafen. Sie ernähren sich von den zarten Eukalyptusblättern, die sedierende Wirkung haben, und schlafen. Man kann sie auf den Arm nehmen, man muss nur auf die Krallen Acht geben, die sehr scharf sind. Kaum spüren sie deine Körperwärme, schließen sie die Augen und machen ein Schläfchen.

Besuch im Australian Museum, zwischen William und College Street. Es ist ein naturgeschichtliches Museum, mit einer großartigen Sammlung australischer Vögel und Insekten.
Aber vor allem wollen wir die große Abteilung besuchen,
die der Kultur der Aborigines gewidmet ist. Musikinstrumente, Alltagsgegenstände, Totems, Abdrücke von Höhlenmalereien: Die Kultur der Ureinwohner ist hier sorgfältig
katalogisiert, wird erklärt und kommentiert. Schülergrup-
pen besuchen das Museum. Die Kinder sind aufmerksam,
neugierig, lauschen mit offenem Mund den Erklärungen der
Professoren, machen Notizen. Morgen werden sie vielleicht
eine Schularbeit schreiben. Ich denke über die Widersprü-
che der Geschichte nach: Eine Kultur zerstört eine andere
und stellt sie dann im Museum aus. In einem großartigen,
ultramodernen Museum.

Herr Gustavo ist Livornese, er ist 1967 nach Sydney ausgewandert. Er arbeitet als Mechaniker, wohnt in Sydney, ist
verheiratet und hat zwei erwachsene Kinder. Wir haben uns
im Flugzeug kennengelernt, er hat mir seine Adresse gegeben. Ich rufe ihn an, um ihn zum Abendessen einzuladen,
und er lädt mich davor zu einem Aperitif zu sich nach Hause
ein. Meine Tochter geht mit der Tochter von Angelo Car-
riere Abend essen, und ich bin neugierig zu sehen, wie ein
italienischer Arbeiter lebt, der nach Australien ausgewandert
ist. Er wohnt am nordwestlichen Stadtrand, und um dorthin zu gelangen, brauche ich vierzig Minuten mit dem Taxi.
Er wohnt in einem kleinen blauweißen, mit Holz verklei-
deten Haus. Im Wohnzimmer hängt ein großes Ölbild, auf
dem das Denkmal der Quattro Mori im Hafen von Livorno

zu sehen ist. Herr Gustavo hat es selbst gemalt, und er ist sehr stolz darauf. Seine Frau ist eine Australierin mit blauen Augen, die nur einmal, auf Hochzeitsreise, in Italien war, aber recht gut Italienisch spricht. Die Söhne sind zwei große Jungen mit Bürstenhaarschnitt, die mehr schlecht als recht Italienisch sprechen, aber hin und wieder »deh!« im Livorneser Dialekt ausrufen. Herr Gustavo lädt mich ein, auswärts essen zu gehen, die Familie bleibt zu Hause. Das Viertel ist ein großer Vorort mit kleinen Häuschen und ein paar Neonschildern. Wir gelangen zu einem kleinen Restaurant, auf dem Neonschild davor prangt »Italian Food«. Auf der Speisekarte stehen Minestrone, Fischsuppe, Meerbarben auf Livorneser Art. Der Besitzer heißt Anselmo, er ist ebenfalls Livorneser und lebt seit dreißig Jahren in Australien. So eine gute Fischsuppe bekommt man sonst nur im Ardenzaviertel oder im Hafen von Livorno. Herr Gustavo freut sich, dass mir das Lokal gefällt, in das er mich geführt hat, er erzählt mir von seinem Leben in Australien, sagt, mittlerweile könne er nicht mehr nach Italien zurückkehren, weil er keine Bindungen mehr habe, seine alte Mutter sei in diesem Jahr gestorben, deshalb war er dort. Mittlerweile spielt sich sein Leben hier ab, es geht ihm gut, er verdient gut, er ist zufrieden. Aber er hat Sehnsucht nach Italien.

Als wir die Rechnung bekommen, gibt es eine kleine Diskussion, denn ich würde ihn gerne einladen. Aber ich muss nachgeben, sonst wäre er beleidigt. Auf Wiedersehen in Livorno, sage ich zu ihm. Wir verabschieden uns wie alte Freunde, beide sind wir uns sicher, dass wir uns nicht wiedersehen werden. Dann kommt das Taxi.

Das Schnabeltier oder *platypus* – das surrealste Tier der Welt. Wir betrachten es im Zoo von Sydney, einem Ambiente, das seinem natürlichen Habitat entspricht. Es lebt nur in Australien, und gemeinsam mit dem Känguru ist es das Symboltier von Australien. Es führt ein ziemlich merkwürdiges Leben. Es lebt am Ufer von Flüssen und Seen, wo es frisst, schwimmt und Tunnels gräbt. Es ist das einzige Tier auf der Welt, das einen Schnabel, ein Fell und Schwimmhäute hat. Es kann bis zu acht Minuten unter Wasser bleiben. Es legt Eier, ist jedoch ein Säugetier, denn es säugt seine Jungen. Es ernährt sich von Würmern, Insekten und Larven. Es duldet keine Annäherungen, dann wird es zornig und greift den Störenfried an. Unter der Fußsohle hat es einen Giftsporn, mit dem es sich verteidigt. Schade, dass die Surrealisten es nicht in ihrem Bestiarium aufgenommen und Einhörnern und Hippogryphen den Vorzug gaben. Sie haben sich etwas entgehen lassen. Auch Apollinaire hat es nicht erwähnt. Aber die historische Avantgarde kannte Australien nicht.

Die Boeing der Alitalia fährt über die Rollbahn von Sydney. Dann das grenzenlose Panorama der Stadt. Ich denke an das, was ich auf dieser Reise gesehen habe: Australien. Ein Kontinent, der größer ist als Europa und nur achtzehn Millionen Einwohner hat. Ein Land, das strenge Grenzkontrollen durchführt und dennoch bereit ist, vietnamesische Flüchtlinge, die boat-people, aufzunehmen. Ein friedliches, multikulturelles Land mit einer gefestigten Demokratie, das allerdings seine Ureinwohner umgebracht hat. Ein Land ohne Atomkraft, wo es keine Wehrpflicht gibt und wo man Volksschülern, Mädchen und Buben, unter anderem vier Dinge beibringt: einen Knopf anzunähen, ein Hemd zu waschen und zu bügeln, ein Bett zu machen und eine normale Mahlzeit für zwei Personen zuzubereiten. Das ist Prüfungsgegenstand.

Bye bye Australia.

V.
OH PORTUGAL!

Der Untertitel meines Romans *Requiem* lautet *Eine Hallu-*
zination. Der Protagonist, der an einem Sommernachmittag
auf dem Land in der Nähe von Lissabon im Schatten eines
Baumes ein Buch liest, befindet sich plötzlich wie durch einen Zauber auf einer Mole im Hafen der Stadt. Möglicherweise ist er eingeschlafen, aber als er in seinen Traum ein-
getreten ist, hat er wie Alice »den Spiegel durchquert« und
jenen Raum erreicht, in dem der Traum wirklicher ist als die
Wirklichkeit: den Zustand der Halluzination.

Aber der Roman ist nicht nur eine Halluzination, sondern beschreibt auch einen Irrweg durch die Stadt, der keiner topographischen Logik entspricht. Am Ende dieses unlogischen Weges bleibt vielleicht die Vorstellung von einer
Stadt, so wie man aufgrund einiger verstreuter Mosaikstein-
chen die Vorstellung von einem ganzen Mosaik haben kann.
Versuchen wir, es neu zusammenzusetzen.

Der Weg beginnt an der Mole von Alcântara, wo sich der
gleichnamige Seehafenbahnhof befindet. Das ist kein Zufall, denn der Protagonist »weiß«, dass er um zwölf Uhr eine
Verabredung mit einem großen portugiesischen Dichter hat,
der bereits verstorben ist und dessen Name nie genannt wird.
Einer Art Steinerner Gast, der vielleicht Fernando Pessoa ist.

Die Mole von Alcântara war tatsächlich einer der Lieb-
lingsorte von Álvaro de Campos, einem Heteronym Pessoas,
einem Schiffsingenieur, der in Glasgow sein Diplom abge-

legt hatte und auf dieser Mole, in seiner »futuristischen« Phase, bevor er zu einem ironischen und verzweifelten Pessimismus gelangte, wunderschöne wütende und feierliche Oden schrieb, in denen er die Entdeckungen durch die portugiesischen Seefahrer im 16. Jahrhundert heraufbeschwörte.

Alcântara ist kein schöner Ort: Der Tejo wird hier immer breiter, bis er schließlich ins Meer mündet, Schrott und Anlegeplätze, so weit das Auge reicht, Piers und Schienen auf Stelzen, und das Ganze wird von den Pfeilern der riesigen Brücke überragt, die sich über die Tejomündung spannt. Und genau in Alcântara, dem Herzen des Hafens von Lissabon schlechthin, geht der Roman auch zu Ende, in einem außergewöhnlichen Café, dem Alcântara-Café, einem riesigen Restaurant, das in einer ehemaligen Fabrik (Industriearchitektur) untergebracht ist – ein Ambiente in postmodernem Stil, mit einer Atmosphäre, die genauso unwirklich ist, wie sie der Protagonist des Buches erlebt.

Wenn man von Alcântara Richtung Stadt zurückgeht (die Avenida entlang des Tejo ist sehr lang, man sollte also lieber eine der typischen gelben Straßenbahnen nehmen), beginnt nach dem Cais do Sodré und nachdem man die steile Rua do Alecrim hinaufgegangen ist, der Chiado, der elegante Bezirk der Stadt. Natürlich gehen wir denselben Weg wie der Protagonist des *Requiem,* der ins Café Brasileira unterwegs ist. Das ist eines der berühmtesten und traditionellsten Cafés des alten Lissabon, hier haben sich immer schon die Literaten der Stadt getroffen. Hier versammelte sich Anfang des 20. Jahrhunderts die kleine Freundesgruppe, die unter Pessoas Führung die Avantgardezeitschrift »Orpheu« gründete; später verkehrten hier auch die marxistischen Intellektuellen der »Seara Nova« und in den fünfziger Jahren, während der Herrschaft Salazars, die Neorealisten und die Surrealisten.

Der Protagonist hält sich hier nur sehr kurz auf. Nachdem er eine Flasche eiskalten Champagner gekauft hat, »weiß« er, dass er zum monumentalen Friedhof von Lissabon gehen muss, der den unüblichen Namen *Cemitério dos Prazeres* (wortwörtlich Friedhof der Genüsse) trägt, um dort das Grab eines Freundes zu besuchen. Wir folgen ihm. Die Grabsteine sind schlicht, die Kapellen bescheiden, die Rasenflächen makellos, der Friede natürlich ewig. Der Genuss besteht, einmal abgesehen von einem grandiosen Blick auf den Tejo, vor allem darin, endlos auf einer Bank in den Zypressenalleen zu sitzen, ohne dass man – Scherz beiseite – von einer Menschenseele gestört würde.

Infolge eines unlogischen Sprungs, wie er in Träumen vorkommt, befindet sich der Protagonist im Buch plötzlich in einer alten Wohnung neben der Sé, der romanischen Kathedrale. Wir befinden uns im Viertel der Burg von São Jorge – enge steile Gässchen mit bescheidenen Häusern, Gasthäusern, Läden, alte Leute, die auf den Bänken sitzen, Handwerker. Von hier aus blickt man auf das Viertel Alfama, und hier befindet sich auch das schönste Belvedere von Lissabon, das *Miradouro de Santa Luzia*: eine Aussichtsterrasse mit Majoliken aus dem 18. Jahrhundert und einer riesigen Bougainvillea. Hier, in der Gastwirtschaft des Herrn Casimiro, essen mein Protagonist und das Gespenst seines Freundes Tadeus ein *sarrabulho,* ein mörderisches Gericht aus Schweinsinnereien, die in Blut und Wein gekocht werden.

Um zu verdauen, kann man einen Spaziergang über die *Praça da Ribeira,* Lissabons zentralen Markt, machen. Bedrohliche Hummer, riesige Zackenbarsche, *varinas* (Fischhändler), die noch schwergewichtiger als ihre Ware sind. Aber den außergewöhnlichsten Fisch kann man auf Boschs *Versuchungen des Heiligen Antonius* bewundern, einem Triptychon, das im Museum antiker Kunst hängt, auch *Museu das Janelas Verdes* (beziehungsweise *Museum der Grünen Fenster,* nach der gleichnamigen Straße) genannt; ein Fisch, der über den Himmel fliegt und auf dem zwei geheimnisvolle Personen reiten. Es ist nur ein paar Schritte entfernt. Man geht durch einen kahlen Flur und betritt das reichste Museum Lissabons (portugiesische Primitive, Renaissancekunst, indoportugiesische Kunst, japanische Nippfiguren).

Und dann? Dann ist die Stadt weit und weit ist auch die Seele der Person, die in meiner Geschichte in ihr herumirrt, auf der Suche nach Erinnerungen und Gespenstern. Aber auch ein Stopp in der *Casa do Alentejo* darf nicht fehlen, einem Club aus dem 19. Jahrhundert, ein Relikt aus einer anderen Zeit, in extravagantem maurischem Stil erbaut, mit Theater- und Ruhesälen. In diesem Club trafen sich die Landbesitzer aus dem Alentejo, der Region der großen Ländereien im Süden, um Billard zu spielen oder Portwein zu trinken, wenn sie aus Geschäftsgründen oder wegen der Huren nach Lissabon kamen. Wir befinden uns in der Baixa, von hier aus kann man zur nahen *Praça do Comércio* gehen, einer Theaterkulisse aus dem 18. Jahrhundert, die die von der Salzluft zerfressene Statue des Königs Don José überragt. Die Schiffe, die in der Kolonialzeit Waren aus Indien und Brasilien brachten, legten hier an, am *Praça do Comércio.*

Aber inzwischen ist es Abend geworden, der Platz befindet sich direkt am Wasser und die beleuchteten Fähren, die den Tejo überqueren, stimmen melancholisch. *Saudade* liegt in der Luft, besser, man geht ihr aus dem Weg. Der Zug nach Cascais fährt am Cais do Sodré ab. Nach Cascais, einen mondänen Fremdenverkehrsort, muss man gar nicht hineingehen, man kann die *estrada do Guincho* nehmen. Und nachdem man an der *Mündung der Hölle* vorbeigegangen ist, wo der Ozean ohrenbetäubend brüllt, erreicht man Cabo da Roca, den westlichsten Punkt Europas. Steile Klippen, breite, windgepeitschte Strände, einsame Villen. Und die Leuchttürme natürlich. Leuchttürme, die die Seefahrer warnen und die jetzt mit ihrem blinkenden Licht den Liebhabern von unlogischen Geschichten, die sich aufgrund eines Romans an einem Ort von geheimnisvoller Schönheit befinden, ein Zeichen zu geben scheinen.

Zum Glück gibt es in der Nähe ein Gasthaus. Hier isst man *amejoas à bulhão pato* (Venusmuscheln mit Zwiebeln und Koriander) und *carne de porco à alentejana* (Schweinefleisch mit Meeresfrüchten). Draußen senkt sich die Nacht auf den Atlantik, in den Sommermonaten ist es windig, neblig in den anderen Jahreszeiten. Zeit, nach Lissabon zurückzufahren, es ist fast Mitternacht. Im Übrigen geht auch mein *Requiem* um Mitternacht zu Ende und der Protagonist findet sich wie durch einen Zauber auf dem Liegestuhl unter dem Maulbeerbaum wieder, in dem er eingeschlafen war. Vielleicht wacht er auf, keine Ahnung. Oder vielleicht beginnt er genau in diesem Augenblick zu träumen.

LISSABON.
RUA DA SAUDADE

Die Touristen sind in der unterhalb gelegenen Straße geblieben, vor der mittelalterlichen Kathedrale, auf dem Hügel Lissabons, auf dem sich das Castelo de São Jorge befindet. Aber Sie haben eine andere Entscheidung getroffen, denn die Kathedrale (das portugiesische Sé ist eine Verballhornung des lateinischen »sede«, Sitz, denn hier befand sich auch der Bischofssitz) und das Castelo de São Jorge sind zwar zwei Bauwerke, die man unbedingt besichtigen muss, zwei Symbole der Stadt, die zu den wenigen mittelalterlichen Bauwerken gehören, die dem schrecklichen Erdbeben, das Lissabon 1755 verwüstete, getrotzt haben, aber entweder haben Sie sie bereits besichtigt, allein oder möglicherweise mit Reisegefährten, oder Sie werden sie bald besichtigen, denn die obligatorischen Baudenkmäler einer Stadt kann und sollte man sich nicht entgehen lassen. Hierher, in die Rua da Saudade, nur wenige Meter von der Kathedrale entfernt, verirrt sich jedoch nie jemand. Der zufällige Lissabon-Besucher hat keinen Grund hierherzukommen, weil es keinen offensichtlichen Grund dafür gibt, und aus diesem Grund wird Ihnen der Reiseführer, den Sie in der Tasche haben, selbst der ausführlichste, nicht dazu raten.

Aber manche Gründe entgehen selbst den besten Reiseführern. In diesem Fall die *saudade,* der übrigens auch die kleine Gasse gewidmet ist. *Saudade* ist ein portugiesisches, schwer übersetzbares Wort, es bringt nämlich einen Begriff zum Ausdruck und kann deshalb in anderen Sprachen nur annähernd wiedergegeben werden. In einem normalen portugiesisch-italienischen Wörterbuch findet man dafür die Übersetzung »Nostalgie«, für etwas Altes wie die *saudade* ein allzu junges Wort (es wurde im 18. Jahrhundert von dem Schweizer Arzt Johannes Hofer geprägt). In einem glaubwürdigen portugiesischen Wörterbuch wie dem Morais wird zuerst auf den Stamm *soidade* oder *solitate,* also Einsamkeit, verwiesen und dann eine sehr komplexe Erklärung gegeben: »Melancholie, verursacht durch die Erinnerung an ein verlorenes Gut; Schmerz, verursacht durch die Abwesenheit eines geliebten Menschen; zartbittere Erinnerung an eine teure Person.« Also etwas Herzzerreißendes, das jedoch auch milde stimmen kann, und das nicht ausschließlich etwas Vergangenem, sondern auch etwas Zukünftigem gelten kann, weil es einen Wunsch zum Ausdruck bringt, von dem man hofft, er möge in Erfüllung gehen. Und hier wird die Sache kompliziert, denn Sehnsucht nach der Zukunft ist ein Widerspruch. Vielleicht könnte man *saudade* mit Dantes *disio* (Wehmut) übersetzen, der mit einer gewissen Sehnsucht einhergeht, da er »die Herzen sehnlich schlagen« lässt. Wie also soll man dieses Wort erklären?

Genau deshalb haben Sie sich ein paar Meter entfernt und sind hierher gekommen. Denn vom oberen Ende dieser kleinen Straße blickt man über die ganze Stadt und über die riesige Tejomündung. Und ein Stück weiter sieht man den Ozean und den unendlichen Horizont. Der anonyme Portugiese, der dieser Straße den Namen gegeben hat, hatte bestimmt einen Blick auf das Panorama geworfen. Ein großer Sprachwissenschaftler sagte einmal, jemandem, der noch nie Käse gegessen hat, könne man unmöglich das Wort Käse erklären. Es gibt also keine bessere Möglichkeit, *saudade* zu verstehen, als sie selbst zu empfinden. Der beste Augenblick dafür ist natürlich der Sonnenuntergang, das ist der Augenblick der *saudade*, gut eignen sich aber auch gewisse Abende, an denen vom Atlantik her Nebel aufzieht, sich ein Schleier auf die Stadt senkt und die Laternen angehen. Wenn Sie hier allein sind und das Panorama vor sich betrachten, überkommt Sie vielleicht eine Art Sehnsucht. Ihre Vorstellungskraft wird der Zeit einen Haken schlagen, wird Ihnen den Gedanken einflüstern, dass Sie zu Hause, wenn Sie wieder Ihrem Alltag nachgehen, Sehnsucht nach einem ganz besonderen Augenblick Ihres Lebens überkommen wird, als Sie sich in einer wunderschönen und einsamen Gasse Lissabons befanden und ein herzzerreißendes Panorama betrachteten. Also, es hat funktioniert: Sie haben Sehnsucht nach dem Augenblick, den Sie gerade in diesem Augenblick erleben. Das ist Sehnsucht nach der Zukunft. Sie haben höchstpersönlich erfahren, was *saudade* ist.

Die Brasileira do Chiado, eines der berühmtesten Literaten-cafés in Lissabon, befindet sich im Herzen der Stadt, in dem Viertel, das nach dem Erdbeben, das 1755 die Stadt zerstörte, vom Marques de Pombal im Sinne der Aufklärung neu er-richtet wurde. Und vor dem Café, praktisch mitten unter den Tischen auf der Terrasse, sitzt seit einigen Jahren die Bronzestatue des Dichters, der ein begeisterter Stammgast der Brasileira war: Fernando Pessoa. Es kommt relativ selten vor, dass sich in einer Stadt die Statuen zweier Dichter in nur wenigen Metern Abstand befinden. In Lissabon ist das der Fall, und man kann es als gutes Zeichen deuten. Der elegante kleine Platz des Chiado, auf dem sich die Brasileira befindet, ist tatsächlich nach dem Dichter António Ribeiro Chiado aus dem 16. Jahrhundert benannt, und die kleine Bronzestatue, die ihn zum Vorbild hat, trägt ein höhnisches Lächeln auf den Lippen, so wie auch seine Dichtung etwas Höhnisches hatte. In Portugal gibt es eine lange Tradition der spöttischen und satirischen Dichtung, seit den mittel-alterlichen Troubadours steht dieses poetische Genre in hohem Ansehen, wie in jedem zivilen Land; man weiß nämlich, dass jeder Monarch (beziehungsweise jede entspre-chende Figur) ohne die Satire ein absoluter Monarch, ein Tyrann wäre.

Nur wenige Meter von dem spöttisch grinsenden Gesicht entfernt befindet sich das undurchdringliche Gesicht Fer-nando Pessoas, auf dessen Lippen ein ironisches Lächeln spielt. Der Bildhauer Lagoa Henriques hat ihn so dargestellt, als würde er tatsächlich im Kaffeehaus auf einem Stuhl sitzen, den Unterschenkel quer über den Schenkel des anderen Beines gelegt (diese lässige Haltung entspricht ihm nicht wirklich). Die Ironie tritt in seinen Versen oft deutlich zutage, aber vielleicht ist sein Denken ironisch, ist mit »ironischem Bewusstsein« getränkt, um die Worte des französischen Philosophen zu verwenden, der ihm die Idee nahelegte, wir seien Einer, Keiner und Hunderttausend, und der es ihm möglich machte, seine menschliche Komödie in der Dichtung zu inszenieren. Er erfand eine Menge Dichter und Schriftsteller, seine Heteronyme. Álvaro de Campos, ein Schiffsingenieur, der sein Diplom in Glasgow gemacht hatte und dann als arbeitsloser Dandy in Lissabon lebte, war zuerst ein verspielter Futurist, später der Autor von sinnlichen und wütenden Oden, dann wiederum ein verbitterter und pessimistischer Leser von Pascal und Nietzsche und schließlich überzeugter Nihilist. Ricardo Reis, ein Klassizist und Heide, eine Art Omar Khayyám des 20. Jahrhunderts, besang die Sinnlosigkeit des Lebens und die Notwendigkeit des Stoizismus (»setz dich in die Sonne, danke ab / und sei dein eigener König«, lautet einer seiner Verse). Alberto Caeiro, der als der Lehrer all der anderen gilt, war ein gleichmütiger Beobachter des Wirklichen, ein Dichter-Philosoph, der sich der Phänomenologie bediente, um vom Geheimnis der Dinge zu sprechen. Er schrieb über sich: »Wenn nach meinem Tod jemand meine Biographie schreiben möchte, reichen zwei Daten, das meiner Geburt und das meines Todes: Die Tage dazwischen gehören alle mir.« Und schließlich Bernardo Soares, der in einer der Mansarden wohnte, die man von der Brasi-

leira aus sieht, ein bescheidener Angestellter in einem Stoff-
geschäft, der Autor des *Buchs der Unruhe*, einem Tagebuch
voller impressionistischer Notizen, Beschreibungen von Lissabon, ausschweifender Gedankengänge, Träume, Beschreibungen von nie unternommenen Reisen. Und der Philosoph
António Mora, der Autor einer kleinen Abhandlung über die
Wiederkehr der Götter, und der Baron de Teive, ein Denker
in der Tradition Leopardis, und der englische Dichter Ale-
xander Search und schließlich Pessoa selbst, beziehungsweise
der, der seine Werke mit Fernando Pessoa unterzeichnete
(aber war es wirklich er oder ein anderer?). Mit einem Wort,
eine ganze Literatur, ein weitverzweigtes Werk, das allein für
ein Jahrhundert reichen würde.

Aber abgesehen von den Dichtern, denen Pessoa zum Leben verhalf, hatte er auch ein eigenes Leben: Liebschaften,
Streitigkeiten, Glück, Begeisterung. Als aristokratischer und
konservativer Denker hasste er alle Totalitarismen; Kommu-
nisten und Faschisten, Salazar und der Salazarismus waren
ihm in gleicher Weise zuwider, und in Gedichten, die damals natürlich nicht veröffentlicht werden konnten und erst
vor kurzem erschienen sind, machte er sich über ihn lustig.
Er begründete literarische Strömungen und rief Literatur-
zeitschriften ins Leben. Er wohnte zumeist in einfachen
Untermietzimmern, bis er 1920 ein eigenes Zimmer in dem
Haus in der Rua Coelho da Rocha (heute ein Museum) bezog, das er für seine aus Afrika zurückgekehrte Familie gefunden hatte. Jeden Nachmittag ging er ins Café Brasileira
do Chiado, und hier gründete er mit seinen Freunden die
Zeitschrift »Orpheu« und bestimmte die großen avantgardistischen Strömungen seiner Epoche.

In der Brasileira ist die originale Dekoration mehr oder weniger erhalten geblieben. Tische, Spiegel, ein paar Bilder. Der italienische Espresso ist hervorragend, und es ist kein alltägliches Erlebnis, ihn am Tisch auf der Terrasse in Gesellschaft des Herrn mit dem unergründlichen Lächeln einzunehmen.

Pascal Quignard ist in Italien vor allem aufgrund seines
sehr schönen Romans *Tous les matins de monde* (Die siebente
Saite), bekannt, der als Vorlage zu einem nicht minder schönen Film von Alain Corneau gedient hat und sowohl beim
Publikum als auch bei der Kritik ein großer Erfolg war. Er
ist Romancier, Essayist und raffinierter Musikwissenschaftler und hätte auch hierzulande größere Aufmerksamkeit
und ein breiteres Publikum verdient. Elegant und sehr gebildet, von einer stilistischen Strenge, die an Flaubert erinnert,
schreibt er einen sehr klaren und trockenen Stil, verfügt
über einen ästhetischen Idiolekt, der sich augenblicklich er-
schließt. Vor allem interessiert ihn die Epoche des Barocks
in Frankreich und anderen Ländern. Fasziniert von einem
der schönsten portugiesischen Paläste, dem Palácio Fronteira
in Lissabon, den der Marquis de Mascarenhas im 17. Jahrhundert erbauen ließ, hat er zu Fotos von den *azulejos,* mit
denen die Zimmer und der Garten dieser ungewöhnlichen
Villa dekoriert sind, die sich ursprünglich mitten auf dem
Land befand und mittlerweile von der überheblichen Vor-
stadt Lissabons verschluckt worden ist, einen wunderbaren
fiktiven Text geschrieben. (Pascal Quignard, *La Frontière,
Azulejos du palais Fronteira*).

Der Marquis von Mascarenhas, ein Mann des Schwertes
und ein Abenteurer, nahm an dem Adelsaufstand teil, der
1640 der kurzen spanischen Herrschaft in Portugal ein Ende
setzte. Daraufhin reiste er durch die portugiesischen Kolo-

nien in Indien, beteiligte sich an verschiedenen militärischen Aktionen, bedeckte sich mit Ruhm, kehrte in die Heimat zurück und zog sich in den Palast zurück, den er auf dem Land von Benfica erbauen ließ. Er ließ ihn mit *azulejos* auskleiden, und die Legende besagt, dass er selbst die Entwürfe für die merkwürdigen Fliesen gezeichnet hat, die heute einen der Kulturschätze des portugiesischen Barocks darstellen, und die zum Teil esoterischen Inhalts sind (geheimnisvolle Ritter, phantastische Tiere, musizierende Affen, stolze Katzen), der die Exegeten zu wilden Phantasien angeregt hat. Den französischen Schriftsteller hat das alles zu einer großartigen Erzählung inspiriert, deren Zauber den verwunschenen Szenen auf den Fliesengemälden in nichts nachsteht, einer Erzählung, in der es um böse Liebschaften und Rache, um Entmannung und Verbrechen geht.

Ich werde die Details der Handlung nicht preisgeben, in der reale Personen wie eben der Marquis von Mascarenhas und gewisse zeitgenössische Edelmänner wie Don Afonso VI. und sein perfider Nachfolger auftreten. Es ist eine düstere Geschichte, die mit der kalten Eleganz, die vielen französischen Erzählern eigen ist, erzählt wird. Phantastisch wie sie ist und gleichzeitig so wahrhaftig und voller Bezüge auf die portugiesische Geschichte dieser Epoche, würde sie auch als eigenständige Erzählung standhalten – als Erzählung, die man etwa auf Italienisch lesen könnte. Monsieur de Jaume, ein adeliger französischer Abenteurer, der vom Marquis von Mascarenhas protegiert wurde, spinnt sein ganzes Leben lang geduldig eine teuflische Intrige, und schließlich gelingt es ihm, seinen grausamen Plan in die Tat umzusetzen. Aber das Schicksal, das Pascal Quignard als portugiesischen *fado*

(Schicksal) interpretiert, verschont niemanden, und so muss auch Monsieur de Jaume seine Schuld büßen. Eine über jeden Verdacht erhabene Dama di Oeiras, das Objekt seiner Begierde, rächt sich auf grausame Weise an ihm. Und die portugiesische Geschichte erlebt ebenfalls einen Augenblick der Rache, als läge ihr ein fiktives Drehbuch zugrunde.

Der Palácio Fronteira wird vom heutigen Marquis von Mascarenhas bewohnt, aber er ist auch ein öffentlich zugängliches Museum. Ich würde einen Besuch in der schönen Jahreszeit empfehlen, denn der im italienischen Stil angelegte Garten verdient einen Spaziergang. Im Übrigen stehen die *azulejos* der Sitzbänke jenen der Fassade in nichts nach. Eine verdient sogar besondere Aufmerksamkeit: Da die alten Fliesen auf nicht wieder gutzumachende Weise Schaden genommen haben, wurden sie zum Teil von einer bedeutenden zeitgenössischen Künstlerin, Paula Rego, nachgestaltet, einer Künstlerin, die in Hinsicht auf die visionäre Kraft den antiken Meistern in nichts nachsteht. Ihre Bank nennt sich *Fogo*. Ihre Personen »brennen«, unmöglich, sich zu setzen.

ALENTEJO.
ALTER DO CHÃO

Der Slogan einer portugiesischen Werbung für Weine aus dem Alentejo (*Além Tejo,* wortwörtlich »jenseits des Tago«), auf der ein junger Mann spaßweise zwei Schafe an der Leine hält, lautet: »Die Echtheit des Alentejo ist ansteckend.« Wie wahr. In unserer Epoche, die von verschiedenen Epidemien geprägt ist, gibt es einen Ort, der uns mit einer seltenen Tugend wie Echtheit ansteckt.

Der Alentejo ist ein großes Gebiet, das sich vom Zentrum Portugals bis zur Algarve erstreckt, über weite Strecken an Spanien grenzt, und trotz seiner unverwechselbaren Charakteristika (Korkeichen, Olivenhaine, Weideflächen in den Ebenen, weiße Häuser mit blauen Fenster- und Türrahmen, die Trachten der Frauen, der Haarschnitt der Männer, die Freundlichkeit der Menschen) große Unterschiede aufweist. Landschaft und Klima der Küstenzonen, wo der Fischfang der wichtigste Wirtschaftszweig ist, sind mit dem des Mittelmeerraums vergleichbar. Das Binnenland, wo es strenge Winter und glühend heiße Sommer gibt, ist herber und geheimnisvoller. Und mitten auf den weiten Ebenen tauchen, wie eine Fata Morgana in der Wüste, uralte und wunderschöne Städte auf. Zum Beispiel Évora, das *Liberalitas Julia* der Römer (bemerkenswert ist der Dianatempel genau gegenüber dem im manuelinischem Stil erbauten Convento dos Lóios), das bei den Arabern Yebora hieß; Beja, das *Pax Julia* der Römer, das bei den Arabern Baju hieß und eine stolze Burg besitzt; oder das von Basteien umschlossene El-vas. Dank eines klugen, vom Staat entworfenen Tourismus-konzepts, sind viele dieser alten Burgen und Befestigungs-anlagen mittlerweile zu *pousadas* umgestaltet worden, zu anspruchsvollen und ausgezeichnet geführten Hotels mit mehr als vertretbaren Preisen.

Aber einmal abgesehen von den stolzen Städten im Inne-ren ist der Alentejo ein Gebiet mit außergewöhnlichen Dör-fern und Kleinstädten, wo wirklich eine »andere« Stimmung herrscht. Wir könnten viele von ihnen aufzählen, aber wir haben uns zufälligerweise für Alter do Chão entschieden. Für die Bewohner des Alentejo ist Alter do Chão gewisser-maßen das Emblem ihrer Region, aber auch die Portugiesen müssen anerkennen, dass die Stadt über das »gewisse Extra« verfügt. Denn Alter, wenn das Wortspiel erlaubt ist, hat et-was »Altehrwürdiges«, eine Eigenschaft, die der Stadt von der Zeit, der Kultur und der Geschichte verliehen worden ist. Ungefähr 200 vor Christus von den Römern gegründet (*Abelterium* oder *Eleteri,* während Chão »in der Ebene« be-deutet), bezog die Stadt ihre Bedeutung vor allem aus ihrer geographischen Lage an der Straße, die *Olisipo* (Lissabon) mit *Emerita Augusta* (Mérida) verband, also an der Han-delsroute zwischen der Atlantikküste und dem spanischen Binnenland. Traditionelle Volksfeste, die noch immer mit großer Hingabe gefeiert werden (das sogenannte Römerfest) finden angeblich zu Ehren des Kaisers Hadrian statt, der auf seiner Durchreise lokale Fehden niederschlug und dem Städtchen kaiserliche Privilegien verlieh. Dann wurde die Stadt von Vandalen erobert, sie zerstörten die Befestigungs-anlage, die 900 vor Christus von den Arabern wieder aufgebaut wurde. Dank der Eroberung durch Nuno Álvares Pereira wurde die Stadt wieder christlich (und offenbar auch wieder zerstört). 1359 ließ König Dom Pedro I. die fünfeckige Burg neu errichten, die das Zentrum der Stadt beherrscht und über ein wunderbares gotisches Portal verfügt. 1748 ließ Dom João V. auf den Rat seiner Gattin Maria Anna von Österreich andalusische Pferde einführen, mit der Absicht, eine portugiesische Rasse zu begründen. Daraus entstand der Alter Reale, gewöhnlich Lusitaner genannt, der noch immer in der Hohen Schule (und manchmal auch bei Stierkämpfen) Einsatz findet. Das Reiterdenkmal aus dem 18. Jahrhundert auf der Praça do Comércio in Lissabon stellt Dom José auf einem Alter dar.

Vor kurzem haben Archäologen den Fußboden eines aristokratischen Hauses aus römischer Zeit mit einem außergewöhnlichen Mosaik freigelegt, auf dem Szenen aus der Aeneis dargestellt sind. Der Zufall wollte es, dass ich es während der Ausgrabungen besichtigen konnte, als die Archäologen die Ablagerungen der Zeit abtrugen. Etwas Derartiges hatte ich sonst nur im Kino, in Fellinis *Roma* gesehen. Als ich im Staub der Ausgrabungen umherging, stand ich plötzlich hinter Aeneas. Und fühlte mich wie Anchises.

Mittlerweile ist die Ausgrabungsstätte frei zugänglich. Zum Glück ist das Mosaik nicht zerfallen, im Gegensatz zu den Fresken in Fellinis Film.

AN DER MOLE VON HORTA.
FAIAL, AZOREN

Wenn Sie hier landen, besitzen Sie entweder eine schöne
Yacht, die es Ihnen erlaubt, den Atlantik zu überqueren; oder
Sie sind ein einsamer Segler, der vielleicht keine Luxusyacht
besitzt, aber dennoch privilegiert ist, da die Segel Ihres Lebens vom Wind der Freiheit gefüllt werden. Und wenn Sie
nicht hier landen, müssen Sie extra herkommen (von Lissabon gibt es täglich zwei Flüge). Was aber nach wie vor ein
Privileg ist.

Ich spreche von dem kleinen Hafen Horta auf der Azoren-
insel Faial. Der Archipel der Azoren mitten im Atlantischen
Ozean, nahezu auf halbem Weg zwischen Europa und Amerika, erstreckt sich auf ungefähr 600 Kilometern in nord-
westlich-südöstlicher Richtung zwischen 36. und 39. Brei-
tengrad und 25. und 31. Längengrad. Er gehört zu Portugal,
wird mittlerweile autonom verwaltet, weist aber noch immer glühend lusitanischen Geist auf. Als die Portugiesen
im 15. Jahrhundert die Azoren (vom portugiesischen *açores,*
Sperber, weil die ersten Seefahrer die zahlreichen Gabelwei-
hen, die die Klippen bevölkerten, mit *Sperbern* verwechsel-
ten) entdeckten, waren sie unbewohnt, und der Priester Gas-
par Frutuoso, ein zeitgenössischer Chronist, der als Erster
über sie berichtete, bezeichnete sie eindrucksvoll als »Land
des Feuers, des Windes und der Einsamkeit«. Es sind Inseln
vulkanischen Ursprungs, die jedoch aufgrund der häufigen,
für das subtropische Klima typischen Regenfälle sehr grün

sind: Von den rauhen Küsten mit üppiger und vielfältiger Vegetation, über Bananen- und Ananasplantagen auf Meereshöhe bis hin zu alpinen Tannenwäldern in den unwegsamen Bergen, die von heißen Quellen und tiefen pyroklastischen Schloten, den *caldeiras,* geprägt werden, in die die Bewohner beim Sonntagspicknick Töpfe mit Fleisch und Gemüse hinunterlassen, um *cozido,* gegarten Fleischeintopf, zu machen. Und dann Blumen. Überall Blumen, vor allem Hortensien. Mit Hortensienhecken begrenzen die Bewohner der Azoren ihre Ländereien, sie stellen weder Mauern noch Zäune auf.

Vor vielen Jahren hat es mich hierher verschlagen, und wie es der Zufall wollte, habe ich ein kleines Buch über diese Inseln geschrieben, vor allem über die Insel Faial, *Frau von Porto Pim.* Faial war damals eine Insel von Walfischjägern, und im Hafen entdeckte ich ein Café, Peter's Bar, wo mir ein alter Harpunenjäger im Ruhestand, der für die »Herrschaften auf der Durchreise« mehr schlecht als recht die alten Gesänge der Insel anstimmte, eine Geschichte erzählte, von der ich nicht weiß, ob sie wahr ist, und die ich dann auf meine Weise nacherzählt habe. Es war ein ganz besonderes Café, mit einem sehr heterogenem und auf seine Weise bunt gemischten Publikum, wie man an den Füßen der Gäste ablesen konnte: Barfuß waren die Fischer aus der Gegend, elegante Yachtmokassins trugen die »Herrschaften auf der Durchreise«.

Als ich vor kurzem wieder hingefahren bin, stellte ich mir vor, dass sich in der Zwischenzeit alles Mögliche verändert hatte, nicht zuletzt weil die alte Fabrik, wo früher Wale verarbeitet wurden, mittlerweile ein Kulturzentrum mit Bibliothek und Videothek ist. Aber Peter's Bar hat mehr oder weniger seine Atmosphäre beibehalten. Die Walfänger sind Vergangenheit, jetzt fischen sie Thunfisch und tragen Tennisschuhe. Aber ihre Gesichter und ihre Manieren haben sich nicht verändert. So wie die Gesichter und die Manieren der »Herrschaften auf der Durchreise«. Hin und wieder weist die schnelllebige Welt eine merkwürdige Monotonie auf. Auch der Gin fizz, eine lokale Spezialität, ist so gut wie eh und je (der Gin wird auf der Insel hergestellt und hat einen besonders bitteren Geschmack), und der Europreis entspricht dem der alten Escudos. Im Schaukasten neben der Theke hängen noch immer die geheimnisvollen Ankündigungen (oder Appelle) der einsamen Segler, die wie Funker Nachrichten aussenden, die nur sie verstehen.

Der Gin in Peter's Bar ist ein guter Kraftstoff, um gestärkt auf die Mole hinauszugehen. Es ist eine sehr lange Mole, die weit in den Ozean hinausreicht. An der Mauer befinden sich über Hunderte von Metern die *murales*, die die einsamen Segler dort mit Schiffslack aufgemalt haben. Jedes Murales ist ein Gemälde, das vom Atlantik eingerahmt wird: Embleme, Landschaften, Gesichter, Schiffe, Namen. Vielleicht sollte man sich auf eine Bank setzen und die Gemälde betrachten. Auch wenn sie Ihnen nichts sagen, wenn Sie sie nicht verstehen, verdienen es diese Gemälde, betrachtet zu werden: Es sind Botschaften, die nicht einer Flasche, sondern einer begrenzten Mauer im Atlantik anvertraut wurden. Und ihre Bedeutung jenseits des Bildinhalts besteht darin, dass Sie diese Botschaft mit den Augen empfangen. Der, der sie malte, »wollte«, dass sie jemand betrachtet. Er wollte auf seiner Durchreise jemandem mitteilen, dass es ihn gab, und hinterließ ein Zeugnis seiner Durchreise. Sie empfangen seine Botschaft und werden Zeuge seiner Durchreise. Dass Sie nicht wissen, wer es war, und dass er nicht weiß, wer Sie sind, ist völlig unbedeutend.

Ein Ort ist niemals nur »dieser« Ort. Auch wir sind ein bisschen dieser Ort. In gewisser Weise haben wir ihn in uns ge-
tragen, und eines Tages haben wir ihn zufällig erreicht. Wir
haben ihn am richtigen Tag oder am falschen Tag erreicht, je
nachdem, aber damit hat der Ort nichts zu tun, das hängt
von uns ab. Es hängt davon ab, wie wir diesen Ort interpre-
tieren, von der Art und Weise, wie wir ihn mit dem Blick
und dem Geist aufnehmen, ob wir fröhlich oder melancholisch sind, euphorisch oder dysphorisch, jung oder alt,
ob wir uns gut fühlen oder Bauchweh haben. Es hängt davon ab, wer wir in dem Augenblick sind, an dem wir diesen
Ort erreichen. Diese Dinge lernt man mit der Zeit, und vor
allem auf Reisen. Aber vor vielen Jahren, als ich meine erste
Reise auf die Azoren unternahm, wusste ich das noch nicht.
»Erkennst du mich Luft, du, voll noch einst meiniger Orte?«
Dieser Vers von Rainer Maria Rilke wird in dem Buch *Frau
von Porto Pim* des Öfteren wiederholt. Jemand kehrt zurück
und bittet die Luft (den spiritus loci?), sie möge ihn erkennen, denn er selbst erkennt den Ort nicht wieder. Er erkennt
nicht, was er früher einmal betrachtet hat oder was er damals, als er es betrachtete, empfand: seine Gefühle, sein da-
maliges Ich. Jeder Ort, den wir auf einer Reise erreichen, ist
eine Art Röntgenbild von uns selbst. Oft machen wir ganz
naiv ein paar Fotos, um etwas mitzunehmen. Aber die Bilder sind nur die äußere Haut, reiner Schein. Was dieser Ort
in uns ausgelöst hat, als wir ihn betrachteten und erlebten,

lässt sich nicht fotografieren. Dasselbe geschieht in Träumen. Angetrieben von dem Wunsch, das Gefühl mitzuteilen, das wir beim Träumen hatten, erzählen wir den Traum, und verwundert stellen wir fest, dass die Geschichte dieses Traums ganz banal, dass es ein x-beliebiger Traum war. Wenn wir ihn einfach so erzählen, ruft er keinerlei Emotionen hervor, weder bei dem, dem Sie ihn erzählen, noch bei Ihnen, der Sie ihn erzählen. Was also war so besonders an dem Traum, dass er so ein starkes Gefühl bei Ihnen ausgelöst hat? Nichts. Das Wichtige an diesem Traum war nicht der Inhalt, sondern die Art und Weise, wie wir ihn erlebt haben: Der Traum selbst war unser Gefühl. Für einen Ort gilt dasselbe. Von ihm erzählen bedeutet nicht, ihn zu beschreiben, sondern – soweit dies möglich ist – von den Gefühlen zu sprechen, die er bei Ihnen hervorgerufen hat.

Frau von Porto Pim ist auf seine Weise eine persönliche Kartographie, eine Bestandsaufnahme meines damaligen Innenlebens. In einem drei Seiten langen Vorwort habe ich zu erklären versucht, dass es sich nicht um ein echtes Reisebuch handelt, sondern auch um eine metaphorische Umsegelung meiner selbst, um eine imaginäre Reise von jemandem, der diese Reise auf die Azoren paradoxerweise auch in Wirklichkeit unternommen hat; Nachdruck verlieh dem Ganzen auch der in nüchternen Worten abgefasste Klappentext, der von Leonardo Sciascia stammt, jedoch nicht signiert ist. Der Text Sciascias, der sich auf Leopardi bezieht, spricht von dem, was in uns Widerhall findet, weil es »alt« und »fern« ist, und er verweist auf diese beiden Dimensionen, als wären sie Eckpunkte der Erzählung.

Wenn ich jetzt, beim Wiederlesen des Buches, die hypothetischen Punkte auf der Windrose, nach denen ich damals mein Schreiben ausrichtete, ergänzen müsste, würde ich noch einen dritten hinzufügen, der mit Gedankenlosigkeit und Unschuld getränkt ist, und einen vierten, der Angst, Furcht, Unruhe in sich vereint: fast ein Alarm. Gedankenlosigkeit, weil jemand, der ein Buch auf der Grundlage von flüchtig aufgeschnappten Worten, Fragmenten, Splittern, Bröseln schreibt, nicht sehr klug ist. Unschuld, weil ich glaube, dass sich in den Augen des Erzählers Staunen spiegelt, vielleicht die beste Eigenschaft des Reisenden, und weil es schwierig ist, es lange aufrechtzuerhalten. Alarm, weil oft von Schiffbruch die Rede ist, als müsste man sich auf jeder Seite davor fürchten.

Vielleicht fürchtete der Reisende den Gesang der Sirenen, der das Schiff auf den Klippen auflaufen lässt. Das Buch zu schreiben bedeutete für ihn vielleicht so viel, wie sich an den Mast fesseln zu lassen, ohne sich Wachs in die Ohren zu stecken. Denn der Gesang der Sirenen kann tödlich sein, aber es wäre feig, ihn nicht anzuhören, wenn man wirklich auf Reisen ist.

In der portugiesischen Literatur, in der das Meer so eine
große Rolle spielt wie in keiner anderen, in der so oft von
Reisen und Abenteuern auf dem Ozean die Rede ist, gibt es
nicht viele Texte, die in den Bergen oder auch nur auf dem
Festland spielen. Im Übrigen ist die Vorliebe für das Meer
aufgrund der geographischen Lage Portugals und vor allem
aufgrund seiner Geschichte mehr als verständlich.

Das Abenteuer der Seefahrt, das im 15. Jahrhundert begann und aufgrund dessen die Portugiesen zu den entferntes-
ten Orten der Weltkugel vordrangen, hat einen unauslösch-
baren Abdruck (und eine Konstante) in seiner Literatur
hervorgebracht, in der es von nun an nur so wimmelt vor
Reiseberichten, Schifferhandbüchern, *roteiros,* Logbüchern,
Beschreibungen von geographischen Entdeckungen, Gefahren und Schiffbrüchen. Diese Konstante, eine Art bis
in die Gegenwart heraufreichender »Generalbass«, hat übrigens in den verschiedensten Genres Meisterwerke hervorgebracht. In der *Carta do achamento do Brasil* (Brief über die
Entdeckung Brasiliens) von Pero Vaz de Caminha wird das
einfache Bordtagebuch zur paradiesischen Beschreibung an
der Grenze zum Phantastischen; dem Epos von Camões liegt
die Reise Vasco da Gamas von Lissabon nach Indien zugrunde; die Missgeschicke eines »zufälligen Reisenden«, halb
Freibeuter und halb armer Teufel, fanden Eingang in den
außergewöhnlichen Schelmenroman *Peregrinação* (Wunder-

liche und merkwürdige Reisen des Fernão Mendes Pinto) von Fernão Mendes Pinto, eines verarmten und gewieften Portugiesen, der ein abenteuerliches Leben zwischen Abessinien und Malabar, Malakka und Kambodscha, China und Japan führte; die tragische Seite der Seefahrt (die andere Seite der Medaille, oder das »Unglück, mit dem man den Ruhm bezahlt«, um Pessoa zu paraphrasieren) ist das Thema der Erzählsammlung von Bernardo Gomes de Brito, eines Mönchs aus dem 18. Jahrhundert, der in einer umfangreichen Anthologie die Beschreibungen der schrecklichsten Schiffbrüche aus zwei Jahrhunderten sammelte *(História trágico-marítima)*. Und in Pessoas wütender *Ode Maritima* wird das Abenteuer der Seefahrt schließlich zum metaphysischen Abenteuer und im Gedicht *Mensagem* (Botschaft) aus dem Jahr 1934 zur esoterischen Interpretation der Geschichte.

Die Dichotomie Meer/Land liegt einer zweiten Konstante zugrunde und hat einen Beigeschmack, der die geographische Dimension übersteigt und eine philosophische Dimension annimmt, in der vor allem der Gegensatz von Bleiben und Aufbruch zum Ausdruck kommt. Ein Gegensatz, der natürlich auch noch eine andere Dimension besitzt; denn während das Meer, die Reise und die Ferne den Erfahrungshunger symbolisieren, den Wunsch, das Unbekannte kennenzulernen und Abenteuer zu erleben, stellt das Land (das Bleiben) die Tugend des Nachdenkens über das Vertraute dar, des Nachdenkens über die eigenen Ursprünge und Wurzeln, über die eigene Identität. Begriffe, die mehr oder weniger explizit die Vorstellung des Meeres (beziehungsweise der Ferne) mit »Leichtsinn« und die Vorstellung des Landes (Beständigkeit) mit »Klugheit« in Zusammenhang bringen.

Die beiden typischsten (und hoch gelobten) Romane der portugiesischen Literatur des 19. Jahrhunderts, die im Zeichen des Festlandes stehen, sind *Viagens na minha terra* (1846) von Almeida Garrett, und (das posthum 1901 erschienene) *A cidade e as serras* (Stadt und Gebirg) von Eça de Queiroz. Zwei Autoren, die, wie man in den Schulbüchern nachlesen kann, die Aufgabe auf sich nahmen, die beiden großen Strömungen ihres Jahrhunderts in Portugal einzuführen: die Romantik und den Realismus. Beide Schriftsteller waren »Emigranten«: Garrett, der Gegner des Absolutismus, aus ideologisch-politischen Gründen (später, als die Liberalen ins Parlament einzogen, wurde er Oberhausmitglied), Eça, der zuerst in Kuba, dann in England und schließlich in Paris, wo er sein Leben beschloss, diplomatischer Vertreter Portugals war, aus beruflichen Gründen. Und beide besaßen eine gute, ausländisch geprägte Bildung, der erste eine anglo-deutsche, der zweite eine vorwiegend französische: Sie waren gebildet und kosmopolitisch, importierten nicht nur neue Ideen nach Portugal, sondern arbeiteten sie auch aus.

Doch obgleich beide Romane auf dem Festland spielen und beide Autoren Erneuerer waren, muss man in Hinsicht auf die Qualität ihrer Werke doch Unterscheidungen treffen. Garrett hat zwar die Poetik der Romantik in Portugal bekanntgemacht, trotzdem bleibt er (für einen Außenstehenden, der in erster Linie die ästhetische Qualität und nicht so sehr die patriotische Beweihräucherung in den Schulbüchern bewertet) ein bemühter Epigone, der leblose Gedichte und eine konventionelle Prosa schrieb, und dessen Themen vor allem von portugiesischen Lesern nachvollzogen werden können. Mit einem Wort, ein unbedeutender Romantiker, der gewiss wichtig für Portugal war, jedoch dem Vergleich mit den großen europäischen Romantikern nicht standhält. Mehr Gewicht hat die Kunst von Eça de Queiroz: nicht nur wegen der Qualität seiner Literatur, sondern auch wegen seiner Fähigkeit, exemplarische Geschichten, die zwar aufgrund des geschilderten Milieus und der gesellschaftlichen Mechanismen typisch portugiesisch sind, so zu erzählen, dass sie Allgemeingültigkeit beanspruchen können. Und der Beweis dafür ist der Erfolg bei Kritik und Publikum außerhalb der portugiesischen Grenzen: Eça hatte riesigen, Garrett so gut wie keinen.

Aber einmal abgesehen vom Motiv des Festlandes, verbindet Garretts *Viagens na minha terra* und Eças *A cidade e as serras* gewiss auch das Thema des *nostos*: der Heimkehr der beiden berühmten Schriftsteller, die davor in den großen europäischen Hauptstädten im Exil gewesen waren. Während Garretts »Heimkehr« eine Art lobpreisender Bericht über eine Reise ist, die ihn auf den großartigen Landsitz eines einflussreichen Freundes führt, die Quinta de Santarém, die sich im Besitz eines bedeutenden zeitgenössischen Politikers befand (einem sehr eleganten Landsitz, angesichts dessen man sich nicht wundert, dass Garret die Tugenden der kargen und archaischen portugiesischen Landschaft in den höchsten Tönen lobt), stellt sich die »Rückkehr« Eças, die durch und durch romanhafte Züge aufweist, viel komplexer dar. Jacinto, der Protagonist von *A cidade e as serras,* der Abkömmling einer reichen portugiesischen Familie, durchlebt eine existentielle Krise, die gewissermaßen vom übermäßigen Komfort des eleganten Pariser Lebens ausgelöst worden ist (der junge Mann hatte »die Nase voll vom Wohlstand«, wie Gadda sagen würde), und beschließt, seinen Körper und seinen Geist, die vom Luxus der Metropolen geschwächt sind, mithilfe der schlichten Lebensart in den archaischen Bergen seiner Heimat Minho wieder zu kräftigen.

Das ist die Handlung des Romans, wie sie sich bei oberflächlicher Lesart darstellt. Aber das ist natürlich eine ungenügende, um nicht zu sagen reduzierende Lesart. Eças Literatur (sowie die ganze sogenannte »realistische« Literatur, der er definitionsgemäß angehört), beschränkt sich nie auf die »erste Lesart«, und »der durchsichtige Schleier der Phantasie über den nackten Tatsachen« (wie ein berühmtes Motto von ihm lautet, das später zu einer Art poetischem Manifest erhoben wurde), verbirgt eine noch subtilere Phantasie. Ich halte es deshalb für wenig zielführend, auf diesen Roman die althergebrachten Kriterien anzuwenden (entweder um ihn zu kritisieren oder um ihn zu verteidigen), denen zufolge er die »zerstörerische Moderne« der »erlösenden Tradition« gegenüberstelle, die jeweils von der *urbs* (in diesem Fall der Metropole) und der *rus* (in diesem Fall dem gebirgigen Douro) verkörpert würden. Ich glaube, dass *Stadt und Gebirg* genauso wenig wie Catos *Über den Ackerbau* dem Genre »Lob des Landlebens« angehört, sondern vielmehr den Wunsch nach Landleben zum Ausdruck bringt, das sich in Literatur übersetzt und somit den literarischen Mythos des Tellurischen bedient (egal, ob es sich dabei um Festland oder Berge handelt), wie auch Vergil in den *Georgica* oder noch mehr Horaz, der mit unvergleichlichem Snobismus behauptet, er würde die unerträgliche Stadt Rom hassen, und der die Tugenden des gesunden Landlebens und seiner Villa in

Sabina verherrlicht, Rom allerdings so wenig wie möglich beziehungsweise gar nicht verlässt.

Eças Berge gehören also der Dimension der Sehnsucht, des Begehrens und der Nichterfüllung an. Einer Dimension, die in der westlichen Literatur in verschiedenster Form immer wieder auftaucht, wie Wechselstrom, angefangen bei den Schäfergedichten der provenzalischen Troubadours oder am Hof von Don Diniz bis hin zu Tassos *Aminta* und *Arkadien,* den Texten, die den Rousseau'schen Mythos vom guten Wilden aufrechterhalten, bis hin zu Paul und Virginie, und so weiter. Bis zur koketten Frage im Vers D'Annunzios »Warum bin ich nicht bei meinen Schäfern?«, auf die Leo Longanesi die geniale Antwort gab: »Weil du im Grand Hotel in Monte-Carlo logierst.«

In dieser Hinsicht ist Eças *nostos* (und damit auch der seiner gequälten und widersprüchlichen Person Jacinto) weniger eine echte Rückkehr zu den eigenen Wurzeln als vielmehr eine Form sublimierter Sehnsucht nach einem auf unwiederbringliche Weise verlorenen »Heil«.

VI.
DURCH DIE BÜCHER
DER ANDEREN

Geh in den Garten und pflück einen Kohlkopf, sagte die
Mutter zum Mädchen, wir brauchen ihn für die Suppe.

Das Mädchen ging aus dem Haus und blickte sich ängst-
lich um. In der Dämmerung verließ sie nicht gern das Haus.
Die Deutschen hatten die Ställe und die Heuschuppen des
Klosters besetzt, und es bestand die Gefahr, dass ein Soldat
sie belästigte. Auf dem Rückzug hatten die Nazis einige Ge-
fangene genommen, russische und angloindische Soldaten,
und sie im Kornspeicher eingesperrt. Vor dem Lager stand
immer eine Wache mit Maschinengewehr, und sie hatte die
Gefangenen noch nie gesehen. Um zum Gemüsegarten zu
gelangen, musste sie am Lager vorbei.

Das Mädchen machte sich widerwillig auf den Weg und
versuchte, sich Mut zuzusprechen. Als sie am Wachhaben-
den vorbeiging, wünschte sie ihm einen guten Abend. Der
Deutsche murmelte etwas in seiner Sprache, ohne sich von
der Stelle zu rühren.

Es war ein kleiner Garten, den ihr Vater, der Klostergärt-
ner, liebevoll betreute. Es gab Kohlköpfe, Spinat, Salat und
Kartoffeln. Das Mädchen ging zu der Reihe mit den Kohl-
köpfen. Es waren große, dunkle Pflanzen, von der Sorte, die
man Wirsing nennt. Sie ging in den Reihen auf und ab, un-
entschieden, welchen sie nehmen sollte. Dann sah sie einen,
der weiter als die anderen aus der Erde ragte. Es schien der
Richtige zu sein. Sie hatte ein Messer mitgenommen, um
ihn abzuschneiden, aber der Strunk war zu dick, vielleicht

war es einfacher, ihn mit der Wurzel auszureißen. Sie packte ihn an den Blättern und zog, aber zu ihrem großen Erstaunen ließ sich der Kohl ganz leicht herausziehen, ohne Widerstand zu leisten. Das Mädchen sah auf den Boden und erblickte ein Loch, das ungefähr einen Meter breit war und von einer Schicht Schilf und Blättern bedeckt war. Nachdem sie das Schilf mit dem Fuß weggeschoben hatte, sah sie einen Mann. Es war ein kleiner dicker Mann mit mongolischen Gesichtszügen, der sie aus weit aufgerissenen Augen anblickte. Er trug eine unbekannte Uniform und hatte ein schmutzverkrustetes Gesicht.

»Was machst du hier?«, fragte das Mädchen. Der Mongole hob die Arme, als stünde er vor einem Feind, und sagte: »Italien schön.« Dann zog er eine Geldbörse aus der Jackentasche und reichte ihr ein Foto. Das Mädchen betrachtete es flüchtig im ungewissen Abendlicht. Sie erkannte ein großes ovales Zelt mitten auf einer Ebene. Vor dem Zelt stand ein Mann – der Mann, der ihr im Augenblick gegenüberstand. Neben ihm eine Frau mit einer merkwürdigen Mütze auf dem Kopf, die ihre Ohren bedeckte, und daneben wie Orgelpfeifen vier Kinder. Es war ein Familienfoto.

Der Soldat griff sich mit der Hand an den Hals, als ob er sich erwürgen wollte, und begann zu weinen. Er weinte tonlos, und die Tränen hinterließen helle Furchen auf dem schmutzverkrusteten Gesicht. »Warum weinst du?«, fragte das Mädchen. »Bitte nicht weinen, nicht weinen, sonst muss auch ich weinen.«

Der Soldat legte sich die Hände auf den Bauch und rieb ihn. Dann machte er den Mund auf und steckte eine Hand hinein. »Italien schön«, sagte er mit leidendem Gesichtsausdruck. »Du lieber Gott«, sagte das Mädchen, »ist das alles, was du sagen kannst?« Der Soldat schlug sich wieder auf den Bauch, als würde er auf eine Trommel schlagen.

»Ich hab' verstanden, ich hab' verstanden«, sagte das Mädchen, »du hast Hunger, aber heute Abend kann ich nichts tun, halt dir den Bauch bis morgen, morgen am Abend bring ich dir was zu essen, aber du sollst wissen, wenn die Deutschen dich hier finden, erschießen sie dich, und auch mich, und jetzt auf Wiedersehen, ciao.«

»Italien schön«, sagte der Soldat.

»Geh zum Teufel«, sagte das Mädchen.

Über einen Monat lang brachte das Mädchen dem Soldaten jeden Abend Brot und Kohlsuppe. Bis die Deutschen sich in den Norden zurückzogen und das Kloster zurückließen. Dann wurde der Soldat im Haus aufgenommen und er blieb dort, bis die Alliierten kamen.

Das ist eine wahre Geschichte. Signora Rita, meine Nachbarin, hat sie mir erzählt. Die Geschichte ereignete sich in einem kleinen Dorf in der Toskana in der Nähe von Pisa, im Winter 1944/45.

Lange Zeit hörte Signora Rita nichts mehr von dem mongolischen Soldaten. In den siebziger Jahren kam trotz der fehlerhaften Adresse ein Brief für Rita im Kloster an. Im Umschlag war nur ein Foto. Ein alter Mann und eine alte Frau vor einem Zelt, umringt von ihren Kindern und Enkelkindern. In dem Mann erkannte Signora Rita mit Mühe den mongolischen Soldaten. Auf der Rückseite des Fotos stand »Italien schön«.

Ein Sonntag in Lissabon, und ich habe Sehnsucht nach Drummond. Es ist einer dieser Sonntage, die mein Freund Alexandre O'Neill in einem Gedicht verewigt hat, wenn die süße *saudade,* die die Portugiesen in sich tragen, auf dem Gesicht der Einwohner Lissabons (und auch auf meinem) zu Melancholie wird, ihre Miene versteinern lässt. Ich habe Sehnsucht nach Drummond.

Es ist glühend heiß, die Stadt ist so gut wie menschenleer, eine Touristin in Shorts mit langen, schneeweißen Beinen geht vorbei; heute Abend haben mich meine Freunde in ein Lokal am Tejo eingeladen, um eine Geißbrasse zu essen, »wie du sie in deinem ganzen Leben noch nie gegessen hast«. Ich habe Sehnsucht nach Drummond.

Auch ohne Ton sind die Bilder auf dem Bildschirm verständlich. Die ewige Geschichte: Die, die gestern gemordet haben, werden heute ermordet, und alle warten darauf, dass ihre Kinder guten Grund haben, morgen zu morden. Hoffen wir, dass der Wind, den der Wetterbericht versprochen hat, bald anhebt. Ich habe Sehnsucht nach Drummond.

Die Fußballmeisterschaft ist zu Ende. Die einen haben gewonnen und die anderen haben verloren. Der Club Sowieso feiert seinen Sieg mit Böllerschüssen und verspricht zukünftige Triumphe. Eine geschätzte französische Universitätsprofessorin offenbart uns gewöhnlichen Sterblichen bei ihren Spaziergängen durch den Wald der Erzählung, dass die Schrift sich nur an sich selbst misst. Ich habe Sehnsucht nach Drummond.

Ein politischer Kommentator behauptet im »Corriere della sera«, in einer Situation wie dieser sei ethnische Reinheit nebensächlich und Folter unter gewissen Umständen »notwendig« (sic). Die Rakete, die das Krankenhaus getroffen hat, sei spontan vom Weg abgekommen, erklärt ein amerikanischer Stratege voller Respekt vor der Selbstbestimmung der Raketen. Ich habe zu viele Zeitungen gekauft und habe Sehnsucht nach Drummond.

Die Literaturkritiker sind sich sicher: Wenn das Liposom dem Lipogramm entspricht, folgt daraus, dass ein gewisser Text zugleich lipogrammatisch und liposom ist. Vielleicht sollte man die Geschichte der Missverständnisse studieren, aber offenbar drängt die Zeit. Ich habe Sehnsucht nach Drummond.

Nach Drummond, der geschrieben hat: »Liebe, / die du ein wesentliches Wort bist, / beginne dieses Gedicht und hülle es ein. / Liebe, führe meinen Vers und vereine Seele und Sinne, indem du ihn führst / vereine Glied und Vulva. / Wer wagt zu sagen, Liebe sei nur Seele? / Wer spürt nicht, wie sich die Seele im Körper ausbreitet / bis sie sich im Schrei des Orgasmus entlädt, / in einem Augenblick des Unendlichen?«

Nach Drummond, der geschrieben hat: »Die Bombe / ist eine Panikblume welche die Blumenzüchter schreckt / (…) Die Bombe rülpst Betrug und politische Prosopopoie / (…) die Bombe vergiftet Kinder kurz vor ihrer Geburt / (…) Die Bombe hat den Teufel gebeten, sie zu taufen und Gott die Taufe gültig zu sprechen.«

Nach Drummond, der geschrieben hat: »Ich werde nicht

der Dichter einer hinfälligen Welt sein. / Und ich werde auch keine zukünftige Welt besingen. / Ich hänge am Leben / und betrachte meine Gefährten.«

Nach Drummond, der geschrieben hat: »Befreie uns, o Herr, von der Wechselbeziehung von Topos und Makrotopos / von den suprasegmentalen Elementen. / Befreie uns, o Herr, von den reinen nasalen Vokoiden oder von den Vokoiden ohne konsonantischen Verschluss. / Befreie uns, o Herr vom epistemologischen Programm im Werk / vom epistemologischen Schnitt und vom dialogischen Schnitt / vom akustischen Substrat des Kulminators / befreie uns, o Herr / von den genitiv ähnlichen Systemen.«

Von Drummond, der geschrieben hat: »Stéphane Mallarmé hat den Kelch des Unerkennbaren ausgetrunken. / Uns bleibt nur das Alltägliche.«

Nach Drummond, der geschrieben hat: »Als ich auf die Welt kam / sagte ein verkrüppelter Stern / ein Stern, der im Dunkeln lebt / zu mir: Los, Carlos, sei im Leben ein Linker!«

Lieber Carlos Drummond de Andrade, ich habe dich vor vielen Jahren an einem klaren Abend an der Copacabana kennengelernt. Du warst ein alter Dichter, der mir vom Halley'schen Kometen erzählt hat, den du als Kind auf der fernen Hochebene von Minas Gerais bewundert hattest. Und du warst so schmächtig, dass ich fürchtete, der Atlantikwind würde dich forttragen. Jetzt, wo du schon seit Jahren tot bist, bist du wahrscheinlich so leicht wie ein Blatt. Warum nutzt du nicht die Brise, die der Wetterbericht für heute Abend versprochen hat, um an diesem Sonntag nach Lissabon zu kommen und ein wenig mit mir zu plaudern?

In der Literatur und der Philosophie wimmelt es nur so vor phantastischen Städten. Die Sache beginnt bei Plato, der von Parmenides den Gegensatz Schein/Wahrheit übernahm. Der *Sophist* beruft sich auf die Unmöglichkeit, das Wahre vom Falschen zu unterscheiden, und der schlaue Fuchs Plato behauptet, dass jemand, der im Besitze der Wahrheit ist, auch das Recht zu lügen hat. Dank dieser Spitzfindigkeit erfand er einen Kontinent und eine hochentwickelte Stadt, die Athen angeblich feindlich gesinnt war, allerdings vom Meer verschluckt wurde: Atlantis.

Atlantis ist der erste phantastische Ort in der Literatur, und der Mythos von Atlantis ist über die Jahrhunderte hinweg so »wahrhaftig« erhalten geblieben, dass sich sogar noch heute hin und wieder jemand auf die Spurensuche macht. Tommaso Campanulas kommunistischer und theokratischer *Sonnenstaat* ist ebenfalls eine phantastische Stadt. So wie auch Thomas Moros' *Utopia* eine erfundene Insel ist, und dieser auf Toleranz beruhende Idealstaat, aus dem Tyrannei, Todesstrafe, Krieg und Privateigentum verbannt sind, ist zum Bild für einen politischen Zustand geworden, von dem man nur träumen kann.

Die Stadt Helsingør mit ihrer tatsächlich existierenden Burg wird infolge der Überblendung mit Schloss Elsinore in Shakespeares *Hamlet* zum phantastischen Ort. Genauso wunderbar phantastisch sind auch Alice' Wunderland, Borges' Bibliothek von Babel und seine Lotterie in Babylon,

García Márquez' Macondo, Calvinos nach einem geometrischen Plan angelegten *Unsichtbaren Städte*.

Aber es gibt auch Städte der Sehnsucht. Wirklich, wenn auch weit entfernt, oft unerreichbar, oder gekennzeichnet von der Sehnsucht nach einer unmöglichen Rückkehr, sind sie von einer Art Zauber umschlossen, der sie so sehr verwandelt, dass sie letzten Endes phantastisch werden. Prousts kleine, von Paris gar nicht so weit entfernte Stadt Combray ist aufgehoben in der verlorenen Zeit. Maradagal aus Gaddas *Erkenntnis des Schmerzes* ist zweifellos das lombardische Gebiet, in dem er zur Welt kam, getränkt mit Gewissensbissen, Groll, Liebe und Sehnsucht. Joyce' verhasstes und geliebtes Dublin, das er in Zürich heraufbeschwor, ist in gewisser Weise »phantastisch«. Wie auch Pessoas Lissabon, das Bild einer Absoluten Mole, wo der Mensch anlegt, um daraufhin ins Unbekannte aufzubrechen, und in noch stärkerem Maße das unerreichbare Samarkand, von dem sein Semi-Heteronym Bernardo Soares im *Buch der Unruhe* träumte.

Vielleicht existieren alle Städte, nach denen man sich am meisten sehnt, in dieser Dimension: Aus echten Städten haben sie sich in die »Idee« einer Stadt verwandelt.

Als ich das erste Mal nach Delphi kam, dachte ich nicht an
Sophia. Ich kam an einem eiskalten Abend im Januar an, es
war bereits dunkel, ich hatte den verschneiten Parnass überquert und in den Kurven mein Leben riskiert, weil ich keine
Ketten angelegt hatte. In der Nähe gab es ein modernes Hotel, das sich merkwürdigerweise im Souterrain befand. Ich
stellte meinen Koffer ab und zwängte mich durch einen Spalt
im Maschendrahtzaun, um die Ruinen der Tempel zu besichtigen. Die Sibylle, an die ich dachte, hatte keine Ahnung
von Sophias Versen. Und auch mir fielen sie erst später ein,
als ich mich an Delphi zurückerinnerte.

Auch als ich das erste Mal Knossos besichtigte, dachte ich
nicht an Sophia. Ich dachte an das Labyrinth, ich überlegte
mir, was für ein geheimnisvolles Ding es wohl symbolisierte,
fast als würde ich eine Lösung suchen. Am Tag darauf im
Museum von Heraklion, als ich die Darstellung des Labyrinths auf einer der ältesten Tontafeln besichtigte, glaubte
ich schon, sie gefunden zu haben. Ich kam zu dem Schluss,
dass es sich um ein menschliches Gehirn handelte. Die leicht
ovale Form, die sich windenden Schlingen, die dem Betrach-
ter das Gefühl geben, ihrem Verlauf nicht folgen zu können,
erschienen mir als perfekte Darstellung eines aus dem Schä-
del gehobenen Gehirns, wie eine archaische Computertomo-
graphie: Dieses Labyrinth bist du, der du mich betrachtest,
es ist dein Gedanke, sagte mir diese Tafel. Aber ich dachte
nicht an Sophia. Vielleicht dachte ich zu sehr an Borges

und an Dürrenmatt, denn im selben Augenblick sah ich den armen, ungeheuer menschlichen und unglücklichen Minotaurus, wie er sich in den Windungen verlor; und an Freud, den geistreichen Dädalus, der glaubte, das Labyrinth in Gegenrichtung durchlaufen zu können, um an den Ausgangspunkt zu gelangen. Aber wo ist der Ausgangspunkt des Labyrinths? Das fragte ich mich beim Verlassen des Museums, im gleißenden Licht des Hofs. Es war Sommer, der schlechteste Zeitpunkt, um diese Orte zu besichtigen. Ich erinnere mich an die Hitze, die Müdigkeit, das Gefühl der Verwirrung. Ich setzte mich auf einen großen runden Stein, vielleicht eine abgeschlagene Säule, und mein Blick fiel auf einen Orangenbaum ganz hinten im Hof, auf eine Orange, die niemand gepflückt hatte. Und erst jetzt fiel mir, keine Ahnung warum, ein Vers Sophias ein, ein Vers von ihr, die geschrieben hatte, »der Rasse derer anzugehören, die durch das Labyrinth laufen / ohne jemals den Wollfaden des Wortes zu verlieren«.

Das Wort, der Faden des Wortes, läuft im Webstuhl von einem Ende zum anderen, beginnt, endet, beginnt von neuem, endet, beginnt wieder von neuem. Der Faden unseres Lebens, der auf dem Webstuhl des Wortes läuft.

Sophia de Mello Breyner Andresen, eine der größten portugiesischen Dichterinnen in der zweiten Hälfte des 20. Jahrhunderts. Sie wurde 1919 in Porto geboren und starb 2004 in Lissabon. Sie hinterließ ein sehr umfangreiches Werk und gehörte einer alten portugiesischen Adelsfamilie an, die väterlicherseits dänischer Abstammung war. Sie war Katholikin, Befürworterin eines ursprünglichen Christentums,

Gegnerin des Kardinals Manuel Gonçalves Cerejeira, dem Bischof von Lissabon und guten Freund des Diktators, und sie bekämpfte ihr ganzes Leben lang den portugiesischen Faschismus und seinen perfiden und bigotten Führer Salazar, dem es mit seiner Staatspolizei gelungen war, Portugal die Mentalität eines grausamen Kirchendieners, seine eigene Mentalität, aufzuerlegen. Unnachgiebig, stolz, gleichmütig, furchtlos angesichts der Verfolgung durch die Diktatur, war die Stimme Sophia de Mello Breyners der Wortfaden, der Portugal durch das Dunkel von Salazars Labyrinth führte. Ich habe sie persönlich kennengelernt. Sie war mit der Mutter meiner Frau befreundet, und später wurde sie auch eine Freundin Maria Josés, als sie noch ein kleines Mädchen gewesen war, hatte sie ihr ein Manuskript mit Widmung geschenkt. Sie war eine sehr schöne Frau mit stolzem Blick. Ihre Gesten waren elegant wie ihre Dichtung. Sie verkörperte eine Eleganz, bei der Ästhetik sich in ethische Strenge verwandelte. Es war nur logisch, dass sie irgendwann Bekanntschaft mit dem antiken Griechenland schloss.

»Mich überkam eine enorme Lust zu reisen. Aber vor allem wollte ich wieder nach Griechenland fahren, das auf mich einen totalen und reinen Zauber ausübte, und wo ich mich frei und beflügelt fühlte. Das griechische Glück, das Glück der objektiven Welt ohne den kleinsten Makel des Individualismus, ist etwas Unvorstellbares, und nur Homer kann eine Vorstellung davon geben (…) In gewisser Weise habe ich in Griechenland meine Dichtung wiederentdeckt, »*Der frühe Tag, vollständig und rein – der die Horizonte mit Ruhm bedeckt*«, ich habe eine Welt entdeckt, an die ich nicht mehr zu glauben wagte. Was ich von Griechenland wusste, habe ich anhand der Steine erraten, der Pinien, des Harzes, anhand des Wassers und des Lichts … Ich habe die vollständigen Dinge wiederentdeckt, die in ihrer Ganzheit existieren. Ich erzähle dir nicht von den Dingen, sondern von der Bindung des Menschen an die Dinge.«

Diesen Brief schrieb Sophia 1963 an ihren Freund Jorge de Sena, einen Dichter und Romanschriftsteller, der gemeinsam mit ihr und anderen portugiesischen Intellektuellen »O Tempo e o Modo« gegründet hatte, eine der bedeutendsten portugiesischen Zeitschriften der sechziger und siebziger Jahre, die sich einem fortschrittlichen Katholizismus verpflichtet fühlte und glühend antifaschistisch war. In diesem Brief stand weiter: »Nachdem ich die Akropolis gesehen hatte, erschien mir der Petersdom frivol, oberflächlich und schwerfällig. Hier haben wir es mit einer derart reinen, tiefen, intensiven und feierlichen Religiosität zu tun, wie ich sie davor noch nirgendwo erfahren hatte. Auf diese Weise entsteht eine Bindung an die Realität, die man in allen Dingen spürt. Nur bei Aischylos spürt man einen Widerschein dieses Geistes, der in den Steinen und in den Ruinen der griechischen Tempel wahrhaft lebt.«

Portugal ist ein Land am Atlantik. Aber es wurde von Griechen erschlossen (ist allerdings phönizischen Ursprungs, man kann die archäologischen Spuren in Lissabon besichtigen, einer Stadt, deren Namen auf Ulysses zurückgeht, »Ulissipona«). Die Griechen begründeten hier die erste Hochkultur, nachdem sie die eingeborenen Hirten, die Lusitanier, ausgerottet hatten, die in der Rhetorik des Salazarregimes so gepriesen wurden. Aber Portugal vergaß bald seine griechischen Wurzeln. Für dieses Land, das zwischen dem mächtigen Spanien und dem Atlantik eingeklemmt ist, war die Verlockung des Ozeans zu heftig und zu zwingend, und so erinnerte es sich nicht lang an das Mittelmeerbecken, das ihm Kultur gebracht hatte. Portugal setzte sich mit dem feindlichen Ozean auseinander, durchpflügte ihn, entdeckte Länder, gelangte unter Pedro Álvares Cabral nach Brasilien, umschiffte Afrika, erreichte unter Vasco da Gama sogar Indien. Die große portugiesische Literatur weist epische und heroische Züge auf: wie zum Beispiel die *Lusiaden,* die zum Nationalepos schlechthin geworden sind, obwohl Camões auch lyrische Dichtung mit petrarkesken Zügen geschrieben hat, und die Themen der Vergänglichkeit, der Scheinhaftigkeit der Liebe und des Elends des Fleisches nicht weniger faszinierend sind als der kraftvolle Stil seines Epos. Aber in der Literaturgeschichte hat sich das Abenteuer durchgesetzt. Und zu Recht, denn die unerschrockenen Seefahrer haben wirklich wunderbare Abenteuer erlebt; die Beschreibungen der Logbuchschreiber, die dem König von der Entdeckung unberührter Länder berichteten, wo Frauen und Männer nackt, nur mit Federn geschmückt, herumliefen, sind großartig – und großartig sind auch die Erlebnisse der armen Protagonisten der Schelmenromane aus dem 16. Jahrhundert, die sich in die exotischsten Länder, nach China, in die Molukken, nach Japan, vorwagten. Die Welt war so weit und so weit weg, dass Portugal Griechenland ganz vergaß, einen Ort der exakten Geometrie, das mehr auf Gedanken, denn auf Eroberungen beruhte, mehr auf abgeschlossener Perfektion, denn auf endlosen Horizonten.

Sophia de Mello Breyner hat sich an Griechenland erinnert. Und in Griechenland hat sie nicht nur die Gründungsmythen unserer Kultur entdeckt, sondern »ihr« Portugal wiedererkannt; sie hat festgestellt, dass das, was in ihrem Land geschah, bereits in der Geschichte des klassischen Griechenlands geschehen war, und dass sich dieses Geschehen in der Tragödie und im Mythos widerspiegelte. Sophia fand aber nicht so sehr die pastellfarbene, hellblaue Anmut wie auf einem Kalenderblatt, wie sie vage von dem Wort »mediterran« wiedergegeben wird, und die man gewissen Dingen anheftet wie ein Klischee, sie erkannte im klassischen Griechenland vielmehr ihr Land wieder, und es kam ihr – sofern das überhaupt möglich war – noch mehr zu Bewusstsein, welche Tragödie ihr Land erlebte. Griechenland lehrte sie, was Portugal war. Das Portugal Kreons, denn Kreon war genauso dumm, klein und hinterhältig wie Salazar. Kreon stellte genauso wie Salazar die »Banalität des Bösen« dar. Und Delphi ist der Ort, von dem aus die Welt von einem Zentrum aus wiederaufgebaut werden muss, diesen Ort hat Zeus zum Nabel der Welt bestimmt, zum *omphalós,* wohin die beiden Adler aus unterschiedlichen Richtungen kommen, sich treffen, um die Geometrie der Erde und der Seele zu zeichnen.

»Ich bin nach Delphi gefahren / Weil ich glaube, dass die Welt heilig ist / und einen Mittelpunkt hat / den zwei Adler im Bronze eines unbeweglichen und schweren Fluges beschreiben.«

Ich dachte nicht an Sophias Verse, als ich nach Delphi fuhr. Aber in dieser Winternacht, als ich mich durch einen Riss im Maschendrahtzaun zwängte, der nachts den Zutritt zu den Tempeln verwehrte, während meine Schuhsohlen auf dem Pflaster widerhallten, das infolge der Kälte hart wie Glas war, fiel mir die Dichtung Sophias wieder ein, und ich begriff, dass ich aus demselben Grund wie sie nach Delphi gefahren war. Als würden meine Gedanken einer Spirale folgen, begriff ich, dass Sophia in Delphi Portugal verstanden hatte, und ich verstand, dass ich durch sie ihr Portugal und mich besser verstand, mich, der ich Portugal kannte. Und so verstand ich wahrhaftig Delphi, das sich vor mir auftat wie ein Abgrund, der mich verschlingen wollte: Und die riesige dunkle Masse des Olivenhains im Tal darunter, auf dessen im Wind raschelnden Blättern das Mondlicht zitterte, erschien mir wie das unbekannte Meer des Lebens, das ich von einer Klippe aus betrachtete. Und dasselbe passierte mir auch im gleißenden sommerlichen Sonnenlicht in Heraklion, als ich auf einer abgeschlagenen Säule im Museum saß und dachte, das Bild des Labyrinths sei eine Darstellung des menschlichen Hirns, eine Orange sah und an Sophia dachte.

»In Kreta / Wo der Minotaurus herrscht / habe ich im Meer gebadet // Es gibt einen schnellen Tanz / den man vor einem Stier aufführt / In der uralten Jugend des Tages // (…) // In Kreta / wo die Mauern und die Ziegeln der minoischen Stadt / aus mit Algen vermischtem Schlamm bestehen / Und als ich mich zu meinem Schatten umdrehte / Sah ich, dass die Sonne, die meine Schulter berührte, blau war // In Kreta, wo der Minotaurus herrscht, habe ich eine Welle durchquert / Mit geöffneten Augen und völlig wach / ohne Drogen ohne Filter / Nur Wein getrunken angesichts der Feierlichkeit der Dinge / Denn ich gehöre der Rasse derer an, die durch das Labyrinth laufen / ohne je den Wollfaden des Wortes zu verlieren.«

Das Wort. Die einzige Möglichkeit, das Labyrinth unseres Hirns zu verlassen, besteht im Wort, dem Besten, was unser Hirn besitzt: Dank Sophia hatte ich Knossos »verstanden«.

Es heißt, die Säulen des Poseidontempels, die aus braunem, goldglänzendem Marmor bestehen, seien die schönsten in ganz Griechenland. Dreizehn an den Seiten und sechs vorne, so zeichnet sich das weiße Skelett des heiligen Tieres hoch oben auf dem Felsensporn, vor dem Hintergrund des blauen Meeres, ab. Der Mythos berichtet, dass sich der alte Aegeus von diesem Felsen stürzte, als er sah, dass die Schiffe seines Sohnes mit schwarzen Segeln zurückkehrten. Theseus war ein oberflächlicher Mensch, ohne den Faden, dem ihm Ariadne gegeben hatte, hätte er den Minotaurus nicht töten können, und zum Dank ließ er sie auf Naxos zurück, und dann bewirkte er mit seiner Gedankenlosigkeit, dass sein Vater Selbstmord beging.

Im prallen Sonnenlicht eines Sommernachmittags kam ich in Kap Sunion an, und ein heftiger Wind wehte die Salzluft heran. Auf eine der Säulen hatte Byron seinen Namen eingeritzt; aber man kann die »Signatur« nur mit dem Fernrohr sehen, denn die Säule ist von einer Schnur umgeben, die sie vor eventuellen Übergriffen der Besucher schützen soll. Ich setzte mich in den Schatten und zählte laut die Säulen. In Gedanken dachte ich an ein Gedicht Sophias. »In der Nacktheit des Lichts / dessen Inneres das Äußere ist / In der Nacktheit des Windes (der sich selbst umzingelt) / In der (vom Salz verdoppelten) Nacktheit des Meeres / werden die Säulen von Sunion einzeln ausgesprochen.«

Als ich vor vielen Jahren das erste Mal nach Griechenland fuhr, begriff ich sofort, dass ich dieses Land niemals verlassen würde. Ich bin jedes Jahr wieder hingefahren. Ich nahm »mein« Griechenland nach Griechenland mit, das Griechenland, über das ich an der Universität gehört hatte, die Philosophie, an der ich mein Denken geschult hatte, die Gründungsmythen des Okzidents, die historischen Personen, Phidas' Vorstellung der Vollendung, die durch das Bild des ans Kreuz geschlagenen Christus endgültig zerstört wurde, die Idee des Tragischen, wie sie von Nietzsche wiederaufgenommen wurde, Botticellis Venus in der Muschel, Foscolos »heilige Gestade«, den Menschen mit dem vielförmigen Geist des Übersetzers des Übersetzers von Homer. Sigmund Freud hatte alles das gesammelt, um daraus eine großartige wissenschaftliche Theorie zu machen, die uns noch immer nährt, und ich wollte sehen, wie sie auf die Geographie »angewendet« wurde, ich wollte sie aus dem Zustand des Platonischen in den Zustand des Aristotelischen überführen, sodass sie Teil meiner Erfahrung wurde.

Dann ist mein Griechenland langsam das Griechenland von Sophia de Mello Breyner geworden. Das »steinerne Ithaka«, wohin Odysseus in Foscolo-Manier zurückgekehrt war, wurde nicht nur vom Ithaka Kavafis' überblendet, sondern auch vom Ithaka Sophias, und ihr Odysseus ist nicht nur ein Steuermann, der die Fluten durchpflügt, sondern der auch die Erde pflügen kann, und das ist seine wahre Größe.

»Die Kultur, in der wir leben, ist so falsch / Denn in ihr hat sich der Gedanke von der Hand getrennt // Odysseus, König von Ithaka baute sein Schiff / rühmte sich aber auch /

geschickt auf dem Feld das Steuer des Pfluges zu führen«
(Der König von Ithaka).

Mit Sophia habe ich auch die Figuren der Tragödie neu
kennengelernt. In einem ihrer Gedichte habe ich dem
Elektramythos neue Seiten abgewonnen. »Denn der Schrei
Elektras ist die Schlaflosigkeit der Dinge / Die Klage, ent-
rissen dem Bauch der Träume, der Gewissensbisse und der
Verbrechen / (…) Bis die Gerechtigkeit der Götter aufgerufen wird« *(Electra).* Diese Verse sind Aspassia Papathanassiou
gewidmet, die nicht nur eine große Schauspielerin der griechischen Tragödie war, sondern auch eine Frau, die den
Faschismus herausforderte, und die es verstand, auf allen
Bühnen Griechenlands die Stimmen Aischylos' und Euripi-
des' in einen Appell an die konfiszierte Demokratie zu ver-
wandeln.

Sophia de Mello Breyner fand also in Griechenland ihr
Portugal wieder; sie verstand, dass sich sein Schicksal schon
einmal vollzogen hatte, und dass das, was modern scheint,
sehr alt sein kann; sie, die mit ihrem klaren Verstand nicht
nur die politische Situation ihres Landes, sondern auch unserer conditio humana verstanden hatte, gelangte in Griechenland zu einer Art Hyperbewusstsein, als ob ein blen-
dendes Licht ihrem Blick mehr Kraft verliehen hätte, sodass
sie die dunkle Materie durchdringen und zur Struktur der
Dinge, zu ihrem Skelett vordringen konnte. Wie auf einem
Röntgenbild.

Deshalb fahre ich heute mit Sophia nach Griechenland.
Mein *Guide Bleu*, den ich auf Reisen immer dabeihabe,
bleibt diesmal auf dem Schreibtisch liegen, ich lese ihn lieber bei meiner Rückkehr. Ich nehme lieber die Verse Sophias

mit. Sie sind leicht, ich kenne sie auswendig. Und wenn ich dann nach Hause komme, übersetze ich sie in meine Sprache.

DIE IMAGINÄRE GEOGRAPHIE
VON GREGOR VON REZZORI

Voller Bewunderung und Staunen habe ich immer die Autoren gelesen, die ein Paralleluniversum erfunden haben, eine imaginäre Grafschaft, die zwar mit der realen übereinstimmt, aber dennoch nicht die reale ist, sich von dieser unterscheidet: Sie ist es und gleichzeitig auch nicht. Ich beziehe mich vor allem auf William Faulkner und seine Grafschaft Yoknapatawpha, auf Musil und sein Kakanien, auf García Márquez und sein Macondo, auf Gregor von Rezzori und sein Maghrebinien, den geographischen Raum, in dem seine *Maghrebinischen Geschichten* spielen, das Buch, das ihn 1953 bekanntmachte.

Es steht außer Zweifel, dass Faulkners Yoknapatawpha Mississippi ist, dass Musils Kakanien Österreich vor der Machtergreifung durch die Faschisten ist, dass García Márquez' Macondo das karibische Kolumbien und dass Rezzoris Maghrebinien das in Auflösung begriffene k & k-Reich ist. Aber ganz so einfach ist es nun auch wieder nicht. Es handelt sich um dasselbe Problem wie bei der literarischen Person, die nach dem Vorbild einer realen Person erfunden wurde. Und in diesem Zusammenhang fällt mir eine unvergleichliche Äußerung Gaddas zu dem Thema ein, lange bevor die Narratologie die Theorie von der »Autonomie der Person« entwickelt hat. »… in der Phantasie himmle ich eine gewisse Frau X an, ›meine‹ Person: Ich himmle sie so sehr an, dass ich sogar nachts von ihr träume. Ich wache mitten in der Nacht auf, stehe wie in Trance auf, setze mich an den Schreibtisch, schreibe; nach mehreren Monaten nehme ich das Blatt wieder zur Hand, schreibe es um, radiere, streiche aus, schreibe von neuem. Ich schreibe es vierzigmal ab, gebe es dem Verleger. Frau X ist auf die Welt gekommen. Mag sein, dass es in Brembate oder in Garbagnate wirklich eine Dame gibt, die wie Frau X ist. Aber dabei handelt es sich, wie jeder leicht verstehen wird, um einen Zufall, der dem Heisenberg'schen Gesetz beziehungsweise der Unschärferelation unterliegt. Wie wenn zwei Spieler beim Würfeln beide gleichzeitig fünf und drei würfeln. Ich habe in meinem Geist, meiner Psyche eine Person geschaffen. Ich habe langsam Frau X reifen lassen, während der Liebe Gott seinerseits gleichzeitig genauso umsichtig in Garbagnate eine andere Dame hat reifen lassen, und die beiden ähneln sich wie zwei Wassertropfen.«

Ich glaube, dass die »Autonomie des Ortes«, im Gegensatz zur Autonomie der Person, sobald sie zur Andersheit in der Literatur wird, vielmehr dem Bereich der Geschichte als dem der Geographie angehört. Insofern als diese Autoren eine besondere Beziehung zu der Dimension haben, die wir für gewöhnlich als Geschichte bezeichnen. Ich versuche, mich besser auszudrücken. Die Strategie der Metapher erlaubt es uns, von dem Ding abzuweichen, von dem wir sprechen. Die Metapher existiert also auf einer anderen Ebene als die Realität. Aber wenn die Metapher, die wir verwenden, mit der Realität übereinstimmt, erlangt sie doppelte Kraft. Eben weil sie einen Doppelgänger hervorbringt, der mit ihr identisch ist. Mit einem Wort, die Grafschaft Yoknapatawpha ist nicht Mississippi, sondern die Metapher Mississippis.

Allerdings stimmt diese Metapher mit Mississippi überein, beziehungsweise mit dem Ding, das zur Metapher erhoben wurde. In derselben Weise ist Rezzoris Maghrebinien nicht das *finis Austriae*, es ist nicht das in Auflösung begriffene k & k-Reich, sondern die Metapher des in Auflösung begriffenen k & k-Reichs. Allerdings stimmt es mit diesem überein.

Die Schriftsteller, auf die ich mich beziehe, durchschneiden mit ihrer literarischen Erinnerung dieses doppelte Gewebe. Insofern, als sie nicht die historische Erinnerung, nicht einfach die Geschichte bearbeiten, sondern einen Exponenten berechnen: die Metapher der Geschichte »behandeln«. Und auf diese Weise stellen sie eine andere Beziehung zur Dimension der Zeit her. Das verleiht ihren Texten einen Wert, den die Ebene des Realen oder des historischen Ereignisses an und für sich nicht besitzt, und gestattet ihnen eine größere Übereinstimmung mit der Vielfältigkeit der Attribute, die die Antiken Clio zusprachen, der Muse der Geschichte, die aber auch Magd der Erinnerung und der Zeit war. Auf diese Weise wird die Dimension des Epos »konstruiert«. Die natürlich nicht von der Menge des Geschriebenen abhängt, sondern von der Qualität der Zutaten, denn um episch zu sein, muss ein Text nicht so lang sein wie Homers Epen. Manchmal reichen dafür auch wenige Seiten.

In dieser Dreidimensionalität überlebt, wenn ich so sagen darf, die Erinnerung. Sie gewinnt eine Dauerhaftigkeit, die es mit dem Ereignis und seiner Vergänglichkeit aufnimmt: Sie skandiert sie in einer zeitlichen Dimension, die über das Hier und Jetzt, das Jetzt und Damals hinausgeht. Sie verewigt es im Exemplum. Viele Romane Rezzoris nähren sich von dieser exemplarischen Erinnerung, die berühmtesten wie *Ein Hermelin in Tschernopol* und *Memoiren eines Antisemiten*, vielleicht aber auch sein ganzes Werk. Und es ist eine exemplarische Erinnerung, denn sie löst sich vom jeweiligen Ereignis ab, wird allgemeingültig und erzählt uns vom Dasein des Menschen in seinen glücklichen oder unglücklichen Momenten.

Ich würde auch gern über andere Aspekte von Rezzoris Werk sprechen, aber das überlasse ich lieber berufeneren Exegeten, denn ich bin ja nur ein einfacher Leser. Hinzufügen möchte ich nur noch, dass ich seine mediterranen Eigenschaften bevorzuge (als Bewohner des Mittelmeerraums kommt man nämlich nicht zur Welt, dazu wird man), die eine Art und Weise darstellen, das Leben zu leben und zu lieben. Denn nur wer den Tod versteht, kann das Leben in seiner Fülle der Sinne und der grausamsten Fleischlichkeit lieben. Und abschließend möchte ich ihm ein Geschenk machen, denn da es sich um einen Schriftsteller handelt, den wir in unserem Gepäck aufgenommen haben, müssen wir ihm zumindest ein *xenia* (ein Gastgeschenk) anbieten. Ich widme ihm ein paar Verse, die ich mir von einem großen brasilianischen Dichter der Generation Rezzoris ausgeborgt habe, Murilo Mendes, der sich von Stendhals Grabstein zu diesem Gedicht inspirieren ließ:

»Vor allem liebte er die Freiheit / die Frauen / den Dialog / die Musik / die Galaxien / den ovalen Stein / das Theater außerhalb des Theaters / (…) / Sein Hirn war revolutionär / seine Physiologie konservativ / (…) Wie ein Guerillakrieger kämpfte er gegen sich selbst, er begriff, wie unwirklich die Wirklichkeit ist.«

MIT BORGES AUF DEN STRASSEN
VON BUENOS AIRES

»Wir waren der Imagismus, der Kubismus, die Konventikel, die Sekten, die die leichtgläubigen Universitäten verehren. Wir erfanden die Auslassung der Satzzeichen, die Kleinschreibung, die taubenförmigen Strophen der Bibliothekare von Alexandrien. Staub ist die Arbeit unserer Hände. Und brennendes Feuer unser Glaube.«

Viele Jahre nachdem das Feuer erloschen war, erinnerte sich Borges an die Erfahrung der Avantgarde Anfang des 20. Jahrhunderts und vor allem an den argentinischen Ultraismus, zu dem er mit dem Gedichtband *Fervor de Buenos Aires* (1923) schüchtern und zögerlich beigetragen hatte.

Ich erzähle immer wieder gern die Anekdote, wie das Buch entstanden ist. Borges selbst eilt uns in seinem *Autobiographischen Essay* zu Hilfe: »Das Buch wurde tatsächlich in fünf Tagen gedruckt; der Druck eilte, weil wir nach Europa zurückkehren mussten. ... Das Buch wurde mit einer gewissen Jungenhaftigkeit hergestellt. Es gab weder Fahnenkorrektur noch ein Inhaltsverzeichnis, und die Seiten waren nicht paginiert. Meine Schwester machte einen Holzschnitt für den Buchdeckel, und es wurden dreihundert Exemplare gedruckt. Ein Buch veröffentlichen war damals eine Art Privatunternehmung. Ich kam nie auf die Idee, Exemplare an Buchhändler oder für Besprechungen einzuschicken. Die meisten habe ich einfach verschenkt. Ich erinnere mich an eine meiner Vertriebsmethoden. Nachdem ich herausgefunden hatte, dass viele Leute, die in den Büros von ›Nosotros‹ – eine der älteren, solideren literarischen Zeitschriften jener Zeit – zu tun hatten, ihre Mäntel in der Garderobe hängen ließen, brachte ich Alfredo Bianchi, einem der Herausgeber, fünfzig oder hundert Exemplare. Bianchi sah mich verwundert an und sagte: ›Erwarten Sie etwa, dass ich diese Bücher für Sie verkaufe?‹ Ich antwortete: ›Nein, ich habe sie zwar geschrieben, aber ich bin doch nicht völlig verrückt. Ich wollte Sie nur bitten, ein paar Bücher in die Taschen der Mäntel zu stecken, die da draußen hängen.‹ Er war großmütig und tat es.«

Bei der Vorstellung, wie Borges das Buch *Fervor de Buenos Aires*, das später zu einem Mythos wurde, 1923 in die Manteltaschen der argentinischen Literaten steckte, muss man beinahe lächeln. Aber vielleicht war es auch eine »ultraistische« Geste, Bücher in Manteltaschen zu stecken, die Geste eines schüchternen, introvertierten und ambivalenten Avantgardisten. Es ist eine avantgardistische Geste à la Borges. Und man muss sich wirklich die Frage stellen, ob *Fervor de Buenos Aires* tatsächlich ein avantgardistisches Buch ist.

Bei Borges gibt es keine hell erleuchteten Metropolen mit dichtem Verkehr, die bei den Ultraisten genauso beliebt waren wie bei den italienischen Futuristen, allenfalls wird die Metropole negativ wahrgenommen. Borges, der bereits vom Keim der Metaphysik angesteckt war, besang das Morgengrauen und die Nächte, die Musik von Buenos Aires, Plätze wie von De Chirico gemalt, wo die Zeit stillzustehen scheint. Buenos Aires kommt in seinem Gedicht zwar vor, aber als Symbol, als Metapher einer Stadt. Eine der vielen Städte, die als Symbol und Metapher in die Literatur des 20. Jahrhun-

derts eingegangen sind. 1925, nur zwei Jahre nach der ambivalenten Erfahrung des Ultraismus, schrieb Borges mit fast
grausamer Klarheit: »Ich habe festgestellt, dass wir, ohne es
zu wollen, einer anderen Rhetorik verfallen sind, die genauso wie jede Rhetorik die Macht des Wortes anhimmelt.
Ich habe verstanden, dass unsere Gedichte, von denen wir
glaubten, sie hätten sich frei und unbeschwert in die Lüfte
erhoben, eine geometrische Figur in die Luft der Zeit geschrieben haben. Was für eine schöne und traurige Überraschung, als wir feststellten, dass unsere damalige Geste, die
uns so spontan und frei erschien, nichts anderes als der Anfang einer Liturgie war.«

Von nun an entwarf Jorge Luis Borges eine andere, persönliche Liturgie: die Liturgie seines Aleph, »seines« Schopen-
hauer, des kosmischen Labyrinths. Von dem legendären kleinen Buch *Fervor de Buenos Aires*, das Borges in den Jahren
darauf immer wieder umarbeitete und von dem er endlos
viele Fassungen herstellte, bleibt jedoch die starre, traum-
hafte Schönheit einer metaphysischen Stadt, deren geheimnisvollen Zauber er entdeckt. Und ich zitiere hier eines der
zärtlichsten Gedichte, das Borges in diesem Buch seiner Stadt
widmete, *Die Straßen:* »Die Straßen von Buenos Aires / sind
mir längst Fleisch und Blut. / Nicht die gierigen Straßen, /
lästig durch Mengen und Mühsal, / sondern die müden Straßen des Viertels, / fast unsichtbar durch Gewohnheit, / weich
durch Zwielicht und Sonnenuntergang.«

Meine Freundin Dora schickt mir eine Karte aus Prag. Dora ist eine unternehmungslustige freie Journalistin, und sie hatte die originelle Idee, eine Reihe von Reportagen zu schreiben, die sie einer bedeutenden Zeitung unter dem Titel *Die Orte der Literatur* anbieten möchte. Deshalb schließt sie sich seit geraumer Zeit Schriftstellerdelegationen an, die von einer europäischen Hauptstadt in die nächste reisen, um wichtige Themen zu diskutieren, zum Beispiel »Die Zukunft des europäischen Romans«. Ein zynischer Kommentator, der in seiner seit Jahren regelmäßig erscheinenden Kolumne unser (seiner Meinung nach) katastrophales literarisches Milieu geißelt, schreibt, er hätte die Nase voll von Intellektuellen, die Tag für Tag, sogar nach den Mahlzeiten, über die Rolle des Intellektuellen debattierten. Wie sollte man ihm nicht Glauben schenken, ihm, der gerade die x-te Debatte über die Rolle des Intellektuellen organisiert, und zwar in Buenos Aires, auf Kosten des Steuerzahlers?

Die meisten Intellektuellen nehmen immer wieder an Diskussionen über die Zukunft des Romans teil, voller Sorge, jemand könnte ihn ihnen vor der Nase wegschnappen. Es gibt alle möglichen Initiativen und Delegationen: Der Premio Conte di Montecristo zum Beispiel organisiert einen runden Tisch zur Zukunft des Abenteuerromans, der Premio Barolo d'Oro eine Diskussion über die Rolle des Weins im Roman zur Zeit des Grafen Camillo Benso di Cavour (Önologie und Literatur), der Club Amici del Bovino eine

schöne Diskussion in Niagara Falls über das Ritual des Todes und der *fiesta* bei Hemingway. Und meine Freundin
Dora lässt sich ebenfalls keine Gelegenheit entgehen.

Sie reist auf eigene Kosten, weil sie eine enthusiastische
junge Frau ist, während die Delegationen auf Kosten der
Kommunen, der Regionen, des Staates oder zumindest auf
Kosten von öffentlichen Einrichtungen unterwegs sind, und
ich frage mich, ob sie deshalb nicht einmal im Gefängnis landen werden. Aber dieses Risiko geht meine Freundin Dora
nicht ein. Sie bezahlt die Reisen aus eigener Tasche, sie kennt
die Niederungen der Jugendherbergen, der Fastfood-Lokale,
der Regionalzüge und Charterflüge. Dafür sorgt sie sich auch
nicht um die Zukunft des Romans und gönnt sich sehr
»sportliche« Reisen. Vor einiger Zeit war sie in Buenos Aires,
im Gefolge einer Delegation, die die Notwendigkeit verspürte, die Argentinier bezüglich der Zukunft des Romans
aufzurütteln, der in der ehemaligen Sprache ihrer ausgewan-
derten Vorfahren geschrieben wird, und sie schickte mir
einen begeisterten (noch nicht veröffentlichten) Artikel über
die »Bedeutung« dieser Stadt. Dora hat nämlich entdeckt,
dass Buenos Aires eine *labyrinthische* Stadt ist. Sie ist in eine
Straßenbahn gestiegen, ist durch das Palermo-Viertel gefahren und in Belgrano gelandet, und in einer Scheibe hat sie ihr
Bild entdeckt, »das ihr ihr Doppelgänger schickte«. Und hat
sich verirrt. Doras Artikel endet mit dem Zitat eines Gedichts
von Borges über Buenos Aires (»Te sentia en los patios / del
Sur y en la cresciente / sombra que dedibuja lentamente …«,
Ich empfand dich / in den Patios der Südstadt und im Schatten, / der wuchert und ganz langsam …) Sie bezeichnet Borges als »großen Interpreten der labyrinthischen Stadt«.

Prag hingegen, hat Dora festgestellt, vielleicht nachdem sie Angelo Maria Ripellino gelesen hat, ist eine magische Stadt. Und in dem (noch nicht veröffentlichten) Artikel, den sie mir geschickt hat, spricht sie von der Magie des alten Stadtviertels der »Kleinseite«, des Jüdischen Friedhofs, der barocken Brücken und eines »genialen« Lokals (die Bezeichnung stammt von Dora), einem Mittelding aus Bierlokal und Literatencafé, und sie hat mir einen Bierdeckel aus Pappe beigelegt, auf dem das Profil Kafkas zu sehen ist, der von einer »göttlichen« Gabel bedroht wird.

Der Kürze halber werde ich das Kolloquium nicht erwähnen, das Dora in Paris besucht hat, wo sie ein sehr berühmtes Café entdeckt hat, das seine Berühmtheit einem sehr berühmten Philosophen verdankt und wo ein *Omelette au jambon* ungefähr fünfzig Euro kostet. Doras Artikel trägt den Titel: *Das Omelett und das Nichts.* Und auch den halte ich für »genial«.

Was für Träume diese Artikel in mir heraufbeschwören, der ich nie in Buenos Aires war, keine metaphysischen Omeletts kenne und in grauer Vorzeit in Prag landete! Damals liefen noch russische Soldaten über die Straßen, und als ich die sogenannte »Internationale Buchhandlung« auf dem Wenzelsplatz betrat, in der es außer den »Werken« des Genossen Breschnew keine Bücher gab, und den Leiter nach einem Buch von Kafka fragte, gab mir dieser in einem tadellosen Französisch zur Antwort: »Kafka? Connais pas, monsieur.«

Heute teilt Dora mir mit, dass sich im Frühling eine Delegation nach Lissabon begeben wird, in die Stadt Pessoas und der *saudade.* Und da sie annehme, dass ich mich mit nostalgischen Orten auskenne, an denen Pessoas Geist lebt, hoffe sie sehr, mich dort zu treffen. Wie soll ich dem fatalen Treffen entgehen? Vielleicht werde ich zu einer kybernetischen Ausflucht greifen.

Liebe Dora, schreibe ich, wahrscheinlich werde ich zu dieser Zeit in Portugal sein. Aber nicht in Lissabon, sondern an einem abgelegenen Ort in der tiefen Provinz. Aber selbst in der tiefsten Provinz gibt es mittlerweile Internet-Cafés, und dank des Internets kann ich mit ihr und anderen durch die Website www.luoghiletterari.chic »navigieren«. Wir navigieren gemeinsam mit den Flügeln der *saudade*, einverstanden?

Eine neue, vornehme und elegante Krankheit scheint in Italien umzugehen und vor allem im Sommer Opfer zu fordern, vorwiegend unter Touristen mit geschwächtem kulturell-emotionalem Immunsystem, die Italien als Reiseziel gewählt haben. Die »Krankheit« ist von einer Florentiner Psychiaterin, Graziella Magherini, benannt worden, sie hat im Krankenhaus Santa Maria Nuova in Florenz bestimmte Symptome beobachtet und basierend auf ihren Therapieerfahrungen ein Buch geschrieben: *La Sindrome di Stendhal*.

Es ist nicht einfach, in wenigen Worten zu beschreiben, worin dieses Syndrom besteht. Es handelt sich mehr oder weniger um einen Zustand der Verwirrung, der bei jedem Patienten andere Symptome hervorbringt, und dem Touristen in Kunststädten anheimfallen: ein »Konflikt« ästhetischer Art, der ein merkwürdiges Unbehagen hervorruft und die Patienten mitunter zwingt, sich ins Krankenhaus einliefern zu lassen.

Im Krankenhaus Santa Maria Nuova di Firenze hat Frau Professor Magherini in ihrer Abteilung jede Menge oder zumindest genügend Patienten behandelt, um eine Reihe von Fällen, die den Kernstück ihres Buches bilden, aufzulisten, zu klassifizieren und zu analysieren: »klinische« Fälle, Geschichten von Reisenden aus aller Herren Länder, die in Florenz »den Kopf verloren haben« und in der Ambulanz der psychiatrischen Abteilung gelandet sind.

Aber was eigentlich hat Stendhal mit dieser psychischen

Krankheit zu tun? Offenbar ist Stendhal das berühmteste Beispiel für ein ähnliches Unbehagen, deshalb hat man ihn zum Paradigma gemacht. Tatsächlich berichtet der französische Schriftsteller in seinem italienischen Reisetagebuch über ein Unwohlsein, das ihn ausgerechnet in Florenz, bei der Besichtigung von Santa Croce überkommen hat. Wir schreiben das Jahr 1817. Aus Bologna über den Apennin kommend hat Stendhal Florenz durch die Porta di San Gallo betreten und sich sofort nach Santa Croce begeben. Nachts in den Bergen ist seine Kutsche von einer Räuberbande überfallen worden, deren ästhetische Ansprüche wahrscheinlich nicht sehr hoch waren. Vor Santa Croce klopft sein Herz wie verrückt. Die düster religiöse Atmosphäre der Kirche, die Fassade, die Grabmäler der berühmten Menschen beeindrucken ihn zutiefst. Schließlich lässt er sich von einem Mönch in die Niccolini-Kapelle begleiten und betrachtet Volterranos Sibyllen. In diesem Augenblick überkommt ihn Unbehagen. Stendhal schreibt: »Ich war in die Betrachtung edelster Schönheit versunken, die ich ganz dicht vor mir sah und gleichsam berühren konnte. Meine Erregung war an dem Punkt angelangt, wo sich die himmlischen Gefühle, die uns die Kunst einflößt, mit den menschlichen Leidenschaften vereinen. Als ich Santa Croce verließ, hatte ich starkes Herzklopfen, in Berlin nennt man das einen Nervenanfall; ich war bis zum Äußersten erschöpft und fürchtete umzufallen.«

Aber der »Tourist« Stendhal weiß sich zu helfen, dank seiner Bildung besitzt er ein Gegenmittel, mit dem er sich heilt: »Ich setzte mich auf der Piazza Santa Croce auf eine Bank und las mit Entzücken ein paar Verse von Foscolo, die ich in der Brieftasche bei mir trug, ich sah keine Fehler mehr darin; ich brauchte nur die Stimme eines Freundes, der meine Erregung teilte.« Stendhal hat die Verse der *Gräber* bei sich, in denen Foscolo die Grabdenkmäler berühmter Italiener besingt. Genau in dem Augenblick, in dem ihn heftiges Unbehagen überfällt, sucht er ein tröstliches Zeichen (einen Freund), in dem er sich spiegeln kann, um die Aufregung zu teilen, um sie einzudämmen und sprachlich zum Ausdruck zu bringen.

Der gewöhnliche Tourist, der durch die Kunststädte läuft, scheint keinen solchen Schutz vor dem ästhetischen Konflikt zu besitzen. Wie Graziella Magherini feststellt, »ist der moderne Tourist kein Besucher, der hinsichtlich seiner Bildung und seiner Kriterien gefestigt wäre. Der Tourist ist vielmehr das Symbol eines prekären Wiedererkennens, einer fragilen Annäherung an die Kunst. Wobei sich die Fragilität auf seine Innenwelt, nicht auf seine Außenwelt bezieht, die manchmal sogar zu sicher und organisiert ist. Sogar bei einer Reise, wo alles vorausgeplant und organisiert ist, wo es kein Risiko und kein Abenteuer mehr gibt, bleibt die Möglichkeit eines inneren Abenteuers, das sich manchmal sogar als Krise, als Verlust des Gleichgewichts, als momentaner Identitätsverlust darstellt.«

Da gibt es zum Beispiel die Geschichte Kamils, eines jungen Prager Malers, der per Autostopp nach Italien gekommen ist (allerdings mit einem Smoking im Rucksack). Beim Verlassen der Kapelle hat Kamil »den Eindruck, ich würde mich auflösen, ich würde meinen Körper verlassen wie eine Flüssigkeit, die austritt und verdampft. Ich habe mich auf den Boden gelegt und glaubte, sterben zu müssen. Da sagte ich mir, ich müsse etwas tun, um in mir zu bleiben, um mich an etwas festzuhalten, wie wenn man ertrinkt. Mein Bett in Prag war das Einzige, was ich sehen, was ich mir vorstellen konnte.«

Und dann gibt es die Geschichte Sallys, einer jungen Amerikanerin aus dem New Yorker Bürgertum, die in einem Hotelzimmer mit Blick auf den Arno von Unbehagen übermannt wird *(Zimmer mit Aussicht)*, die Geschichte von Franz, eines älteren Herrn aus Bayern, dem vor Caravaggios adoleszentem Bacchus schwindlig wird, weil er vielleicht eine bisher verdrängte homosexuelle Neigung entdeckt; die Geschichte von Isabelle, einer jungen französischen Zeichenlehrerin, die angesichts der Schönheit der Uffizien in einen Zustand der phobischen Depression verfällt und plötzlich den Impuls verspürt, einige Bilder zu zerschneiden. Die Geschichte Isabelles scheint mir die bezeichnendste der vielen Geschichten dieses Buches zu sein, das keine psychoanalytische Studie des Touristen sein will, sondern vor allem ein Essay über den »ästhetischen Konflikt«. Ein Buch über das Schöne also? In gewisser Weise auch ein Buch über das Schöne. Man braucht nur die letzten Kapitel dieses Buches, *Reise und Kunstbetrachtung bei Sigmund Freud* und *Der Urlaub des Geistes* zu lesen, wo eine Analyse des »Unheimlichen« uns in verborgene Gefilde führt, in denen Kunst bei uns Konflikte und Verstörung hervorruft.

Aber es ist auch (oder vor allem) ein Buch über das Reisen oder besser gesagt ein Buch über die Reise zur Kunst und ihre unterschiedlichen Ausprägungen im Lauf der Jahrhunderte, bis zum heutigen Tourismus. Denn ohne Reise beziehungsweise ohne Fremdsein gibt es auch kein künstlerisches

Unbehagen. Und es ist wahrhaftig ein uraltes Unbehagen, das Graziella Magherini bis zu Magister Gregorius, einem Reisenden aus dem 12. Jahrhundert, zurückverfolgt.

Wir sind uralte Wesen, aber wir sind auch zerbrechliche Wesen, und wir sind nicht nur dem Hässlichen, sondern auch dem Schönen ausgesetzt. Das verstört uns und bereitet uns gleichzeitig Freude. Tag für Tag verfolgt uns die Hässlichkeit der Welt, sie ist auf dem Fernsehbildschirm zu Hause, und wir haben uns daran gewöhnt. Die Schönheit hingegen macht uns manchmal krank.

Der »ästhetische Konflikt« kann eine gewisse Art von Unbehagen hervorrufen, aber der religiöse Konflikt verursacht gewiss ein noch größeres. Ich meine damit nicht die Kriege, die seit Jahrhunderten von diesem Konflikt genährt werden; ich spreche von individuellem Unbehagen, einem Leiden, geradezu einer körperlichen Reaktion mit verändertem Herzschlag (einem Zustand, den man, wie Stendhal berichtet, seinerzeit als Nervenanfall bezeichnete).

Als ich mich in Israel aufhielt und die Heilige Stadt schlechthin besuchte, hatte ich als Führer ein »erleuchtendes Buch« (eine Definition von Philip Roth) von Amos Elon bei mir, einem israelischen Intellektuellen, der lange in Jerusalem gelebt hat: *Jerusalem. City of Mirrors*. In den Kapiteln *Holy City* und *Cruel City* gedenkt er der Reisenden, die bei der Besichtigung der Stadt Unbehagen (das sogenannte Jerusalemsyndrom) empfunden haben.

Ein dominikanischer Pilger aus dem 15. Jahrhundert zum Beispiel, Felix Fabi, stellt fest, dass die Vorstellung eines einzigen Gottes (der Monotheismus) die verschiedenen Religionen Jerusalems zwar eint, dass diese aufgrund der Ausübung des Glaubens im Grunde jedoch noch mehr getrennt würden. Der wackere Pilger stellt eine sehr lange Liste der hier ausgeübten Religionen sowie aller Spielarten des Judentums, des Islamismus und des Christentums auf. Griechen, Syrer, Armenier, Nestorianer, Gregorianer, Marioniten, Beduinen, Turkmanen, Mamelukken und – wie ich hinzufügen

würde – Kopten (Äthiopier und Ägypter), syrische Jakobi-
ter, Griechisch Orthodoxe (das sind die Nationalkirchen,
die zu einem gewissen Zeitpunkt am Tag an den jeweiligen
heiligen Orten die Liturgie feiern dürfen) wechseln sich in
Jerusalem Tag für Tag nach einem strengen Zeitplan ab, um
ein und denselben Gott zu ehren und seiner zu gedenken.
Es ist zwar ein und derselbe Gott, aber jeder glaubt in Wirklichkeit, er sei sein »wahrer« Interpret. Der ungläubige Besucher, der bis jetzt ein heiterer Atheist war, stellt sich allmählich die bange Frage, ob es nicht drei unterschiedliche
Götter gibt, die einander nicht aushalten, mürrische und
streitbare Greise, die uns mit ihrem schlechten Charakter
nie in Ruhe lassen werden.

Die spürbare Spannung, die in der Luft liegt, hat viele Reisende, von Flaubert über Selma Lagerlöf, von Koestler bis
hin zu Reisenden heutiger Tage, negativ beeindruckt. Angeblich ist Jerusalem das Gedächtnis. Mag sein, Yehuda Ami-
chai hat Jerusalem vor kurzem mit einer geistreichen Bemer-
kung (ein Witz im Freud'schen Sinn) als »Stadt« bezeichnet,
»wo sich alle daran erinnern, dass sie etwas vergessen haben«.

Auf engstem Raum leben hier viele Menschen mit unterschiedlichen Überzeugungen zusammen, und das ist ein wenig, als würden viele Witwen ein- und desselben Verstorbenen im selben Haus wohnen und als würde jede einzelne
glauben, die »einzig wahre« Witwe zu sein. Möglicherweise
ist der Geist des Verstorbenen, sofern es ihn wirklich gab,
mittlerweile ganz woandershin gezogen und hat eine große
Leere hinterlassen. Diese Leere füllen nun seine Jünger, mit
ihrem ganzen Eifer und ihrem eingefleischten Glauben, sie
stellen nur sich selbst dar und präsidieren das große Nichts.

1980 erschien in São Paolo ein außergewöhnliches, von der
brasilianischen Ethnologin Berta G. Ribeiro herausgegebe-
nes Dokument: eine Kosmogonie der Amazonasvölker mit
dem Titel *Antes o mundo não existia* (Früher gab es die Welt
nicht), deren Autoren zwei Indios vom Stamm der Desana
sind, Vater und Sohn, Umusin Panlon Kumu und Tolaman
Kenhiri. In Italien ist der von zwei Autoren redigierte und
ergänzte Text (Firmiano Arantes Lana und Luiz Gomes Lana,
Der Bauch des Universums, herausgegeben von Ernesta Cerulli und Silvano Sabatini), bei Sellerio erschienen. So hat
auch der italienische Leser Zugang zu einem der schönsten
Mythen einer primitiven Kultur.

Die Herren Firmiano und Luiz, die in der italienischen
Ausgabe als Autoren aufscheinen, sind natürlich die beiden
Desana-Indios, die hier (entweder weil dies ihr ausdrück-
licher Wunsch war oder weil ihnen einer der Herausgeber,
Silvano Sabatini, ein Priester und Missionar, einen guten
Dienst erweisen wollte) mit dem portugiesischen Taufna-
men vorgestellt werden, den sie angenommen haben. Das
Namensproblem ist nebensächlich, nicht nebensächlich ist
allerdings das Problem der Alphabetisierung (und letztend-
lich der Bekehrung) der Indios, und deshalb besteht die Gefahr, dass das Nachwort von Pater Sabatini nicht objektiv
ist.

Die beiden Autoren stammen aus einem Dorf am See des
Affen Walu, das am Ufer eines Zuflusses des Rio Negro in

Amazonien liegt; und es handelt sich ganz offensichtlich um zwei alphabetisierte Indios. Der Sohn, Tolaman Kenhiri, ist der wahrhaft Alphabetisierte, er kann lesen und schreiben, er hat die Erzählung seines Vaters von der Entstehung der Welt aufgeschrieben. (Der Vater, ein ehemaliger Häuptling, ist initiiert und somit berechtigt, die Kultur und die Religion der Desana weiterzugeben); zuerst hat er die Erzählung in der Sprache der Desana niedergeschrieben, sie dann auf Portugiesisch übersetzt und ihr schließlich 198 Aquarelle hinzugefügt, die dazu beitragen sollen, die Symbolsprache der Desana, die offenbar schwer mit Worten wiederzugeben ist, besser zu verstehen.

Natürlich haben diese Zeichnungen, die eigentlich der Erklärung dienen sollten, für uns vor allem ästhetisch-beschwörende Funktion. Denn genauso schwierig, wie die Erzählung des primitiven Mythos zu verstehen, ist es, die Ikonographie zu durchdringen, die dessen Rituale darstellen soll.

Die Hieroglyphen aus Amazonien sind genauso geheimnisvoll und faszinierend wie ein Alphabet aus lange vergangener Zeit. Angesichts der Figuren, die die Welt darstellen sollen, das *Haus des Quarzes,* den *Donner,* die *Achse des Universums*, verspüren wir dieselbe Faszination wie angesichts der Höhlenmalereien in Altamira oder Timor. Der Unterschied besteht im Zeitfaktor. Denn es ist etwas ganz anderes, die Darstellungen in Altamira zu betrachten und zu wissen, dass uns eine dicke Zeitschicht von den Menschen trennt, die diese Symbole gezeichnet haben, als zu wissen, dass die Menschen, die die Desana-Symbole zeichneten, unsere Zeitgenossen sind, unter uns leben, auf derselben Welt, und sich mittlerweile Firmiano und Luiz nennen.

Diese Zeitverschiebung beunruhigt und verstört: Denn nicht nur das Primitive ist geheimnisvoll, sondern auch die Tatsache, dass es überhaupt so etwas wie Kultur gibt. Beunruhigend ist mit einem Wort die Koexistenz, die sich aufgrund dieser Trigonometrie ergibt: die horizontale Ebene, beziehungsweise die Vorgeschichte, ist die Abszisse, und die vertikale Ebene, beziehungsweise die Geschichte, ist die Ordinate, die Ebene, der wir angehören.

Wie soll man also diesen Mythos lesen? Auf den gewöhnlichen Leser, der auch ich bin, übt er wahrscheinlich die Faszination der reinen Erzählung aus. Einer Erzählung, der man sich nicht überlässt wie einem Märchen, das eine eigene Logik besitzt, sondern vielmehr wie einer vorsprachlichen Erzählung, dem Wortfluss der Kinderreime zum Beispiel, wo Brachylogien, sinnlose und unlogische Wortverbindungen nicht gerechtfertigt werden müssen. Der Zauber, der der Oralität und dem Mythos innewohnt, besteht darin, keine Handlung zu liefern, sondern eine Reihe von Mikro-Ereignissen, die aneinandergereiht werden wie die Perlen einer Kette. Mit einem Wort, der primitive Mythos lässt sich nicht nacherzählen, und seine Struktur ähnelt gewissen Formen des Anti-Romans, wie ihn die Avantgardeströmungen des 20. Jahrhunderts entwickelt haben. Mário de Andrade, der (in den zwanziger Jahren) einen Indio-Mythos nacherzählte und somit den ersten wahrhaft avantgardistischen Roman Brasiliens, *Macunaíma,* schrieb, wusste das sehr gut.

Aber der Leser, der sich dem Mythos der Desana mit den Mitteln der Interpretation nähern möchte, findet in diesem Buch zwei hervorragende Essays von Ernesta Cerulli, die den mythischen Text mit einem unbedingt notwendigen Vorwort *(Die traditionelle Vaupés-Kultur und das ethnologische Wissen der Desana)* und einem erhellenden und fundierten Leitfaden zum Verständnis der Symbolsprache des Mythos ergänzt hat *(Die Analyse des Desana-Mythos und deren traditionelle Kultur)*. Einem unbedingt notwendigen Leitfaden, der nicht zuletzt dazu dient, die Überzeugung auszurotten (sofern sie überhaupt noch jemand hegt), die horizontale Ebene (die primitive Kultur) beruhe auf Einfachheit und die vertikale Ebene (die historisch gewachsene Kultur) basiere auf Nicht-Einfachheit. Das große Problem dabei ist, dass das menschliche Denken, egal, ob zivilisiert oder primitiv, nie einfach ist. Dieses Buch legt davon ein beredtes Zeugnis ab.

Von all den Träumen, die die Menschen im Lauf der Geschichte geträumt haben, sind zweifellos die am tragischsten
und gefährlichsten, die das Gegenteil der ihnen zugrunde-
liegenden Illusion bewirkt haben. Denn sie kehren sich nicht
nur gegen die, die sie erfunden haben, sondern breiten sich
wie ein ansteckendes Virus aus, befallen die Gesamtheit der
Menschen, sind gesellschaftlich schädlich. Sie beruhen meistens auf »absurden Entscheidungen«, wie es in der Sprache
der Soziologie heißt, und die Schäden, die sie anrichten, sind
nicht nur eine Folge des grundlegenden Irrtums, auf dem
sie basieren, sondern auch der Beharrlichkeit, mit der sie
wiederholt werden, der Unfähigkeit, die eklatanten Konse-
quenzen einzuschätzen, bis es unvermeidlicherweise zur Ka-
tastrophe kommt.

Die Gemeinheit ist so alt wie die Menschheit, aber wenn
sie auf breiter Ebene betrieben wird, hat sie den Effekt einer
Epidemie. Die Unersättlichkeit ist eine konstante menschliche Eigenschaft, egal, unter welcher Sonne sie sich zeigt,
aber wenn sie noch dazu von einem bestimmten Wirt-
schaftssystem gerechtfertigt wird, das den Profit zum Wohle
der Menschheit befürwortet, hat sie verheerende Folgen. Allein der *homo sapiens* hat die Gabe, das Schöne zu zerstören
und das Reine zu vergewaltigen, aber die Unersättlichkeit
wird zur Geißel, wenn sie auch noch mit den wundersamen
Mitteln der modernen Zeit befördert wird.

Michel Braudeau, ein feinsinniger Detektiv der mensch-

lichen Dummheit und profunder Kenner des lateinameri-
kanischen Kontinents, von dem er sich zu Essays und Romanen hat inspirieren lassen, die nicht nur in Frankreich
berühmt sind, wirft in seinem Buch *Der Amazonastraum*
einen Blick auf die verwundete Lunge unseres Planeten,
Amazonien, und zwar in einem Stil, der von kartesianischer
Klarheit ist und oft von bitterer Melancholie überschattet
wird. Er stellt eine Reihe von Personen dar, die Amazonien
nicht als paradiesischen Mythos oder als Traum von ur-
sprünglicher Reinheit sahen, die von der Kultur angeblich
zunichtegemacht worden ist, sondern für die Amazonien
eine leichte Beute, ein Leckerbissen, ein leicht zu unterwer-
fendes Opfer war.

Nach Cândido Rondon, der nicht nur dem Namen nach,
sondern auch dem Wesen nach rein war, ein unschuldiger
Pionier, der den Weg für die zukünftige Zerstörung ebnete und den eigenen Traum an die gierigen Nachkommen
verriet, lässt er der Reihe nach jene auftreten, bei denen
der Traum zum Albtraum wird: die unheilvollen Unterneh-
mungen des faschistoiden Milliardärs Henry Ford, die größenwahnsinnigen Projekte der grausamen Militärjunta, die
in Brasilien jahrelang die Demokratie verhindert hat; die
nicht weniger größenwahnsinnigen Projekte von Daniel
Ludwig, einem anderen unheilvollen Milliardär; die aggres-
sive Haltung der geheimnisvollen teilstaatlichen CVRD-
Gesellschaft, die Tausende von Sklaven (die *garimperos*) in
die Goldminen zwang, bis zur beunruhigenden Satelliten-
spionage, deren Ziel heute Amazonien ist, und in deren
Umkreis sich Morde, Geheimdienstkriege und Korruption
häufen.

In dieser Hinsicht ist Amazonien, das nicht nur über enorme Naturschätze, sondern auch über eine enorme Artenvielfalt verfügt und vielleicht der Ort ist, wo wir unsere zukünftigen Arzneien finden werden, nicht nur das abschreckendste Beispiel für die Ausbeutung des Planeten infolge der menschlichen Gier, sondern auch eine Metapher unserer paranoiden Kultur, die sich umso mehr verschlingt, je mehr sie hervorbringt.

DAS PARADIES
UNSERER GEWISSENSBISSE

Wenn der gebildete und neugierige Leser in früheren Zeiten zu Reisen in unbekannte und ferne Länder aufbrach, legte er keine Reiseführer in sein Gepäck (allein die Koffer gewisser Reisender wären es wert gewesen, zum Gegenstand der Literatur zu werden), die es damals auch noch gar nicht gab, sondern die Bücher von Reisenden, die vor ihm diese Länder besichtigt hatten. In diesen Büchern fanden sich keine Hotelempfehlungen, keine Adressen von Botschaften, American Express und keine Listen notwendiger Impfungen. Sie lehrten andere Dinge: Wie man in diesen fremden Ländern lebte, dachte, sprach, schrieb und welche geistigen Kategorien dort galten.

Diese Vorbemerkung ist unerlässlich, bevor ich mich mit einem Buch beschäftige, einer Art Enzyklopädie, die mit einer ausführlichen Bibliographie versehen ist, mit einem unglaublich umfangreichen Anhang an Fußnoten, mit einem grundlegenden Glossar – mit einem Wort einem wissenschaftlichen Buch, das eigentlich dem Genre der Literaturgeschichte angehört, das ich hier jedoch als außergewöhnliches Reisebuch vorstellen möchte. Es handelt sich um die »Geschichte der brasilianischen Literatur« von Luciana Stegagno Picchio, das bei Einaudi in der Reihe »Biblioteca« erschienen ist.

Ein Reisebuch, das seinerseits mit einem Reisebuch beginnt: der *Carta do achamento* (Brief von der Entdeckung), herausgegeben von Pero Vaz de Caminha, dem Schiffsschreiber des Seefahrers Pedro Álvares Cabral, der an Don Manuel I. adressiert ist, der 1500 König von Portugal war. Luciana Stegagno Picchio zufolge markiert dieser Text den Beginn der portugiesischen Literatur. Und wenn man diese »Carta« liest (eine schöne italienische Ausgabe ist bei Sellerio erschienen), und wenn man ahnt, wie das von Pero Vaz de Caminha beschriebene Paradies ausgesehen haben könnte, mit goldenen Stränden, Palmenhainen, unschuldigen und glücklichen Indios, deren Unterlippe von einem Knochensplitter durchbohrt war und die von Mädchen begleitet wurden (»so wohlgeformt und rundlich, von oben bis unten bemalt, und mit einer so anmutigen ›Scham‹ – die sie eigentlich nicht hatten –, dass sich viele Damen unseres Landes, bei ihrem Anblick geschämt hätten, keine ›Scham‹ wie sie zu besitzen«), wenn man also all das liest, begreifen wir, dass Europa gar nicht so sehr Brasilien, sondern die eigenen geheimen Wünsche entdeckte: den Ausbruch und das Anderswo. Und dass man die Vorstellung der »Inseln der Seligen«, die die griechischen Geographen und Historiker der Nachwelt hinterlassen hatten, von Anfang an auf Brasilien projizierte. Ausgehend von dieser Beschreibung des Paradieses, das in Europa vom sinnlichen Manierismus eines Botticelli, eines Poliziano oder eines Camões verkörpert wird (das Konzil von Trient steht allerdings kurz bevor), entsteht etwas später der Mythos vom guten Wilden und von der glücklichen Natur, den Jean-Jacques Rousseau auf die Spitze trieb, der sich bei seinen *promenades,* die gar nicht so einsam waren, Gedanken des Ausbruchs hingab, sowie das neue Mythem der zukünftigen romantischen Poetik à la ein *Herz und eine Hütte* von Bernardin de Saint-Pierre. Für die europäische Literatur ist damit der Grundstein für den Exotismus gelegt. Alles, was sie hervorgebracht hat, von Pierre Loti über Victor Segalen bis zu Blaise Cendrars (der allerdings das Pittoreske vermeiden konnte, obwohl er sein *galurin gris,* das Barett eines Straßenjungen, aufsetzte), bis hin zu den versnobten und kosmopolitischen *chroniqueurs* der zwanziger Jahre, ihr ist bereits die DNA des portugiesischen Schiffsschreibers eingeschrieben.

Mit den Akademien des späten 18. Jahrhunderts, vor allem den französischen, lässt der Schritt in Richtung Anthropologie nicht auf sich warten. Und im »Reisebuch« von Luciana Stegagno Picchio findet sich jede Menge Anthropologie. Der Schwarze, die Zuckerrohrkultur, die Goldminen des 18. Jahrhunderts (mit denen die barocken Kirchen von Ouro Preto finanziert wurden), Dichter, Maler und ein genialer und unglücklicher Bildhauer wie Aleijadinho, der in Congonhas do Campo mit dem an seinen von der Lepra zerfressenen Armstümpfen befestigten Meißeln die gewaltigen Propheten aus Stein schuf. Die brasilianische Sklavengesellschaft des 19. Jahrhunderts oder besser gesagt die soziale Hierarchie, die unsere Kultur dem wiedergefundenen Paradies aufgedrängt hat, sind Thema einer der größten anthropologischen Studien aller Zeiten: *Herrenhaus und Sklavenhütte* (1933) von Gilberto Freyre. Die vor allem eine Geometrie beschreibt, die Europa prägt: Europa war mit seinen sozialen Kategorien in Brasilien angekommen. So wie auch der Jesuit José Anchieta Ende des 16. Jahrhunderts als Ethnologe hier angekommen war; sein *Quam plurimarum rerum naturalium* erschien in Italien und erzählte den erstaunten

Europäern von der Bevölkerung, den Gewohnheiten, der Flora und Fauna dieses fernen Landes. »O Virgem Maria / Tup cy etê / Abá pe ára pora / Oicó endê gabê /« singen die von Pater Anchieta im Amazonaswald bekehrten Indios in der Tupy-Sprache. Das ist ein Meilenstein im *Indianismus,* der das ganze 19. Jahrhundert in Brasilien prägt, ein Jahrhundert, das von nationalistischen Rachefeldzügen und der Suche nach den Wurzeln gekennzeichnet ist, als die Federn der Indios zu einem Banner für die wohlmeinenden Literaten in Rio de Janeiro werden (den »Speisesaal«-Schriftstellern, wie sie später verächtlich von dem Avantgardisten Ronald de Carvalho genannt wurden).

Und irgendwann geht der *Indianismus* zu Ende, beziehungsweise wird er im Topf gekocht. Das Feuer unter dem Topf zünden die Avantgardisten von der »Semana de Arte Moderna« aus São Paolo mit dem »Anthropophagen Manifest« an, und im Besonderen ein kleiner literarischer Kobold namens Oswald de Andrade: 1928 begrüßte er es, dass der portugiesische Bischof Sardinha von den Amazonasindios im Topf gekocht wurde. Das war wirklich geschehen. Offensichtlich hatten die Indios Appetit bekommen, nachdem sie das Ave Maria in Tupy-Sprache gesungen hatten. Auf dem Titelbild der »Revista de Antropofagia« befindet sich ein bösartiger Holzstich, der das unwürdige Mahl darstellt, und Oswald de Andrade richtet sein Manifest »gegen Goethe, die Mutter der Gracchen, den Hof von Don José VI. von Portugal« und vor allem »gegen die unterdrückerische gesellschaftliche Wirklichkeit in Krawatte, so wie sie von Freud protokolliert wurde«. Ein schöner Bruch mit Europa. Ein Befreiungsschlag und der glücklichste Moment in der brasilianischen Literatur, das goldene Jahrhundert, das von Dichtern und Schriftstellern wie eben Oswald de Andrade (*Memórias sentimentais de João Miramar*) geprägt wird, und gleichzeitig dem anderen Andrade, Mario, der in seinem *Macunaíma* 1926 die Wesenszüge des Nationalhelden (beziehungsweise des Antihelden) festlegt: ein Mischling, halb Indio und halb Schwarzer, fett, falsch und verlogen, gierig und triebgesteuert: der nationale Macunaíma. Und außerdem von Manuel Bandeira, und vor allem von Drummond de Andrade.

Aber das 20. Jahrhundert bedeutet auch soziales Engagement, das Brasilien mit seinen spezifischen Themen und Problemen herausfordert. Zum Beispiel die »Seca« (die Trockenheit) im Nordosten Brasiliens, die Tausende von *retirantes* zwingt, ihre Heimat zu verlassen, um eine Reise durch die wüstenartigen Landstriche des riesigen Landes zu unternehmen, auf der Suche nach einem Paradies, das völlig unserer Vorstellung des Paradieses widerspricht: der Metropole. Siehe dazu den Roman *Vidas secas* (Karges Leben) aus dem Jahr 1938 von Graciliano Ramos. Und in der Dichtung vor allem *Morte e vita severina* (1956) von João Cabral de Melo Neto (davon gibt es auch eine wunderschöne Theaterfassung, die von Chico Buarque de Hollanda gespielt und gesungen wird). Aber auch die Soziologie und die Anthropologie zeichnen, wenn auch etwa später als die Literatur, ein düsteres Bild der Latifundien im Nordosten. *Sete palmos de terra e um caixão*, 1956 *(Sieben Handvoll Erde und ein Sarg)*, mehr stand den Tagelöhnern im Nordosten nach ihrem Tod nicht zu. *(Eine explosive Zone: der Nordosten Brasiliens.)*

Aber man kann das Buch von Luciana Stegagno Picchio

auch lesen, ohne der Chronologie zu folgen, und sich die Epochen frei aussuchen. Eine herausragende Figur des Barocks in Minas Gerais ist zum Beispiel Gregório de Matos. Ein Dichter, ein tropischer Schelm, der Sohn einer wohlhabenden Familie (der Vater Portugiese, die Mutter aus Bahia), der zum Studieren nach Coimbra geschickt wurde, wo er Bekanntschaft mit der Dichtung von Camões, Góngora und Quevedo machte. Er wurde von Jesuiten erzogen und hätte eigentlich die Priesterlaufbahn einschlagen sollen, zog es aber vor, Anwalt zu werden, und sah seine wahre Berufung darin, in seinen Versen den Klerus und den Adel zu verhöhnen. Seine bilderstürmerischen Reime trugen ihm nicht nur den Beinamen »Höllenmaul« ein, sondern auch einen Prozess vor der Glaubenskongregation und die Verbannung nach Angola. Er schrieb Reime wie den folgenden: »Wucher / überall auf den Märkten / Und die, die nicht stehlen / leben in Armut.«

Vom Paradigma der Korruption bis hin zur Gesellschaft der Gewalt, den tiefen sozialen Konflikten, dem Mystizismus, dem religiösen Synkretismus: All das registriert dieses »Reisebuch« anhand der Literatur. Die großen Bücher, die Brasilien dem 20. Jahrhundert geschenkt hat, sind lebendig und glücklicherweise leicht zu haben. Guimarães Rosa, der epische und homerische Sänger aus Minas Gerais (der von Kritikern, die Etiketten mögen, als »brasilianischer Joyce« bezeichnet worden ist), Plotin-Anhänger, von Beruf Botaniker und mikroskopisch genauer Beobachter des menschlichen Unglücks, Clarice Lispector, metaphysisch und visionär, eine Außenseiterin, die das menschliche Dasein beobachtete, Carlos Drummond de Andrade (von dem einige Gedichte bei

Einaudi unter dem Titel *Sentimento del mondo*, 1987, und bei Adriatica in Bari 1990 unter dem Titel *Chiaro enigma* erschienen sind), der gemeinsam mit Fernando Pessoa gewiss der bedeutendste portugiesischsprachige Dichter des 20. Jahrhunderts ist.

Dem Dichter Drummond de Andrade ist es gelungen, sein Dasein eines Tropenbewohners in einen eiskalten Humor zu gießen, der die andere Seite der Welt und der Menschen betrachtet. Wie Beckett lässt er einen verstörten Akrobaten über ein Seil tanzen, der mit einer aufgemalten Träne auf der Wange die *Materialien des Lebens* besingt: »Ich liebe in Vidrotil / unser Koitus findet in Modernfold statt / bis der Interflex- / Vipaxzeiger uns in Clavilux trennt / Camabel, Camabel tönt es im Wald / über dem Vakuum von Odalit / in der Asphaltnacht / plkx.« Aber er hat auch über das schlechte Gewissen geschrieben, das zu sein, was seine Ahnen waren, und über unser aller schlechtes Gewissen: »Ich habe nur zwei Hände / und das Gefühl der Welt / aber ich besitze eine Menge Sklaven / meine Erinnerungen laufen / und der Körper kommt zu einem Vergleich / im Zusammenfluss der Liebe. // Wenn ich aufwache, wird der Himmel tot und geplündert sein / auch ich werde tot sein / tot wird mein Begehren sein, tot / der Sumpf ohne Akkorde.«

Brasilien als »schlechtes Gewissen«?, fragt sich die Autorin im Vorwort. Das schlechte Gewissen von uns, die wir auf der anderen Seite des Atlantiks wohnen und es entdeckt haben? Vielleicht. Aber Brasilien auch als Spiegel, als unser Gewissen. Als ich Drummond de Andrade vor einigen Jahren kennenlernte, flüsterte er mir eines Abends, während wir uns grüßten, einen Satz zu. Keine Ahnung, ob es eine Frage oder eine Feststellung war. Wir waren auf der Copacabana und die blutrote Sonne versank im Meer. »Wissen Sie, was Euer Brasilien ist«, fragte er mich, als ob er mit sich selbst spräche, »es ist Euer Traum. Doch wir leben darin.«

Saki, sagt der alte persische Dichter zu seinem alten Diener, der ihm Wein einschenkt und dabei philosophiert, denk nicht an die Drehung der Erde, denk lieber zuerst an meinen Kopf.

Erde, viertgrößter Planet des Universums. Unregelmäßiger, subsphärischer, an den Polen abgeflachter Festkörper. Sie beschreibt eine elliptische Umlaufbahn, mit kleinen Abweichungen. Die Zeit, die sie für einen Umlauf benötigt, nennt man Sternenjahr, die Zeit, die sie für eine Drehung um die durch die Pole laufende Achse benötigt, nennt man Sternentag. Der durchschnittliche Radius der Erde beträgt sechstausenddreihunderteinundsiebzig Kilometer. Die Erde wird zu vierundsiebzig Prozent von Wasser bedeckt und zu siebenundzwanzig Prozent von aufgetauchten Landflächen. Und diese Landflächen sind die Erde unserer Erde.

Mein Freund, sagt der Mann ohne Land zu dem Astronomen, der ihm das Universum erklärt, denk nicht an die Drehung der Erde, denk zuerst lieber an meine Hände, die sie bearbeiten und sie nicht besitzen. Ich lebe auf dieser Erde, ich pflüge diese Erde und bin dennoch ein Besitzloser. Und du, Bruder Astronom, glaubst, dass du das Universum kennst?

Universum. Eine Einheit, die aus dem Raum-Zeit-Kontinuum und der ganzen Energie gebildet wird, die in Form von Materie existiert. Den neuesten physikalischen Theorien zufolge ist sie zu einem Zeitpunkt vor ungefähr acht bis achtzehn Milliarden Jahren entstanden, als ein Punkt mit unendlicher Dichte, der die ganze vorhandene Energie enthielt, sich ausdehnte und abkühlte und so die Entstehung der sichtbaren Galaxien und Sternenhaufen ermöglichte. Die zukünftige Entwicklung des Universums hängt von seiner Dichte ab. Übersteigt sie einen gewissen kritischen Punkt, wird die Ausdehnung des Universums immer langsamer, bis der Vorgang sich umkehrt und wieder eine Konzentration stattfindet, dessen Endpunkt ein Punkt mit unendlicher Dichte sein wird. Erreicht die Dichte diesen kritischen Punkt jedoch nicht, wird sich das Universum unendlich ausdehnen.

Bruder Astronom, sagt der kleine Mann ohne Land zum Astronomen, man kann zwar die Galaxien beobachten, aber warum sieht niemand mich? Bin nicht auch ich ein Bewohner des Universums? Um es zu messen, verwendet man astronomische Maße, aber weißt du, welches Maß mir zusteht, laut dem Besitzer der Latifundie, auf der ich arbeite? Vier Handvoll Erde, in denen mein Sarg Platz hat, denn nur das steht mir nach meinem Tod zu: vier Handvoll Erde und ein Sarg.

Mein armer kleiner Mann ohne Erde, sagt der Astronom, für dich haben die Herren dieser Erde nicht vier Handvoll Erde auf, sondern unter der Erde vorgesehen, in einem Loch, einem winzigen Erdloch, das dich mit seinem Nichts ansaugen und aufnehmen wird, wie ein Schwarzes Loch. Der Mensch ist der erste Stern der Schöpfung Universum, aber dir, Mann des Nichts, steht nur ein schwarzes Loch zu.

Schwarzes Loch. Finale Phase der Entwicklung eines Sterns, bei der die Materie, die nur noch aus Neutronengas besteht, unaufhaltsam zu einem Punkt zusammenfällt, dessen Schwerkraft sogar das Licht anzieht, sodass er unsichtbar ist. Deshalb schwarz.

Bruder Astronom, sagt der kleine Mann ohne Land, gestern habe ich am Begräbnis eines Tagelöhners teilgenommen, einem Bruder im Elend, und unsere Brüder sangen diese Litanei: »Dieses genau bemessene Grab, in dem du jetzt liegst, ist kleiner als alles, was du je im Leben besessen hast. Es ist ein richtiges Loch, weder breit noch tief, mehr steht dir auf dieser Latifundie nicht zu. Es ist kein großes Grab, es ist ein genau bemessenes Grab, es ist das Land, von dem du dir gewünscht hast, es möge aufgeteilt werden.« Bruder Astronom, du kennst die Ausmaße des Universums. Glaubst du, dass dieses Grab das Maß eines Menschen hat?

Lichtjahr. Maßeinheit, die in der Astronomie verwendet wird. Es ist die Distanz, die das Licht im Vakuum in einem Jahr zurücklegt, bei einer Geschwindigkeit von dreihunderttausend Kilometern in der Stunde. Um an die Grenzen unserer Galaxie zu gelangen, wo der Andromedanebel beginnt, braucht man ungefähr hundert Lichtjahre.

Bruder Astronom, sagt der kleine Mann ohne Land, vor vielen Jahren hat ein Dichter, der barfuß ging, um die Erde unter seinen Füßen zu spüren, geschrieben: »Gelobt seist du, mein Herr, durch unsere Schwester, Mutter Erde, die uns ernähret und trägt und vielfältige Früchte hervorbringt und bunte Blumen und Kräuter.« Und da, Bruder Astronom, habe ich mich zu meinen Brüdern ohne Erde gesellt, die diese Erde bearbeiten, damit sie Früchte produziert, und wir haben beschlossen, dass die Früchte, die sie gibt, uns nähren sollen, weil sie uns gehören.

Erde, viertgrößter Planet des Universums. Unregelmäßiger, subsphärischer, an den Polen abgeflachter Festkörper. Sie beschreibt eine elliptische Umlaufbahn, mit kleinen Abweichungen. Die Zeit, die sie für einen Umlauf benötigt, nennt man Sternenjahr, die Zeit, die sie für eine Drehung um die durch die Pole laufende Achse benötigt, nennt man Sternentag. Der durchschnittliche Radius der Erde beträgt sechstausenddreihunderteinundsiebzig Kilometer. Die Erde wird zu vierundsiebzig Prozent von Wasser bedeckt und zu siebenundzwanzig Prozent von aufgetauchten Landflächen. Und diese Landflächen sind die Erde unserer Erde.

Mein Bruder, sagt der Mann ohne Land zum Astronomen, der ihm das Universum erklärt, denk nicht an die Umdrehung der Erde, denk zuerst an meine Hände, die arbeiten und nichts besitzen. Ich lebe auf dieser Erde, ich pflüge dieses Land, und bin ein Ohneland.

Und du, Bruder Astronom, glaubst, dass du das Universum kennst?

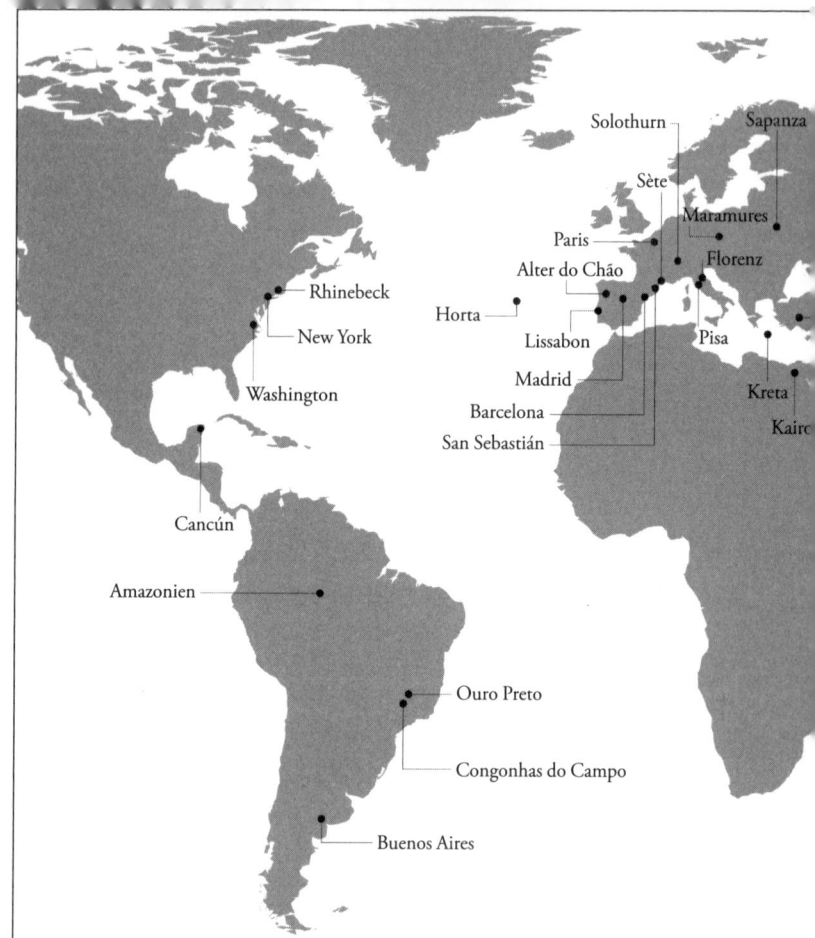

Solothurn

Sapanza

Sète

Maramures

Paris

Florenz

Alter do Chão

Rhinebeck

New York

Horta

Pisa

Lissabon

Washington

Madrid

Kreta

Barcelona

Kairo

San Sebastián

Cancún

Amazonien

Ouro Preto

Congonhas do Campo

Buenos Aires

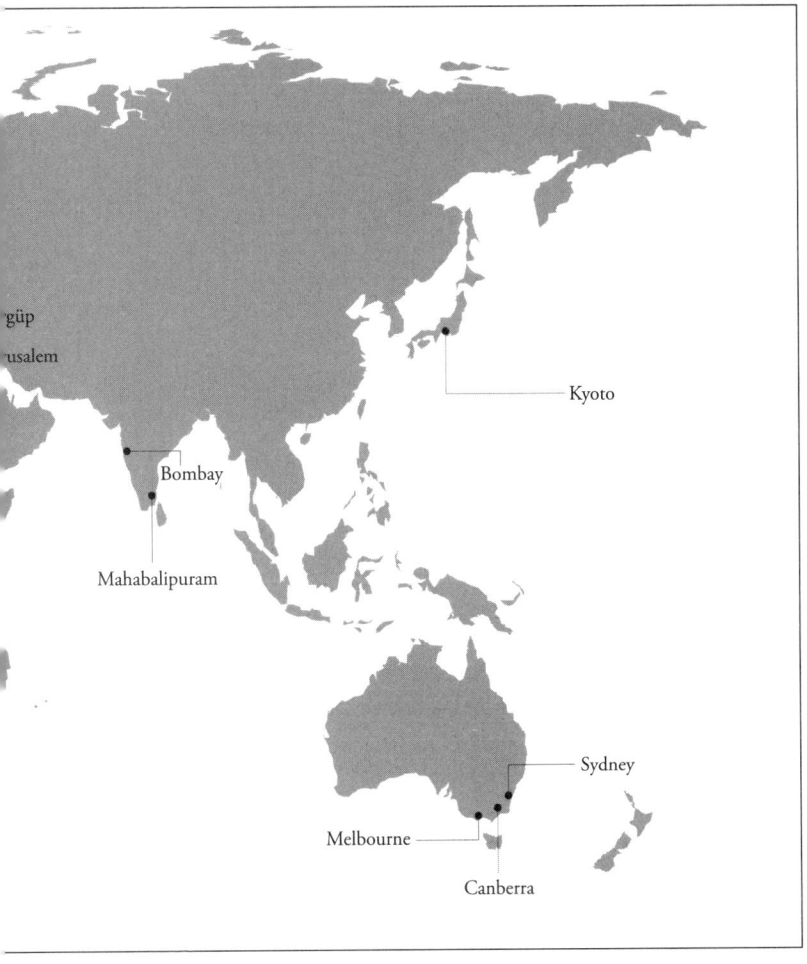

rgüp

usalem

Kyoto

Bombay

Mahabalipuram

Sydney

Melbourne

Canberra

ZITIERTE UND
WEITERFÜHRENDE LITERATUR

Bhimrao Ramji Ambedkar, *Gandhi and Gandhism*, Bheem Patrika Publications, Jullundur 1970.

José de Anchieta, *Quam plurimarum rerum naturalium*, 1560.

Sophia de Mello Breyner Andresen, *Obra poética* (Das lyrische Werk), 1990–1991.

Carlos Drummond de Andrade, *Poesie*, aus dem Portugiesischen von Curt Meyer-Clason, Suhrkamp Verlag, Frankfurt am Main 1965.

Oswald de Andrade, *Macunaíma*, aus dem Portugiesischen von Curt Meyer-Clason, Suhrkamp Verlag, Frankfurt am Main 1982.

Oswald de Andrade, *Memórias sentimentais de João Miramar*, 1924.

Antonio Armellini, *L'elefante ha messo le ali. L'India del XXI secolo*, EGEA, Mailand 2008.

Marc Augé, *Nicht-Orte*, aus dem Französischen von Michael Bischoff, Beck Verlag, München 2010.

Roland Barthes, *Das Reich der Zeichen*, aus dem Französischen von Michael Bischoff, Suhrkamp Verlag, Frankfurt am Main 1981.

Jorge Luis Borges, »Buenos Aires mit Inbrunst«, in: Ders., *Der Gedichte erster Teil*, aus dem Spanischen von Gisbert Haefs und Karl August Horst, Carl Hanser Verlag, München 1991, 1993, 2006.

Jorge Luis Borges, »Buenos Aires«, in: Ders., *Der Gedichte zweiter Teil*, aus dem Spanischen von Gisbert Haefs, Carl Hanser Verlag, München 1993, 1994, 2007.

Jorge Luis Borges, »Autobiographischer Essay«, in: Ders., *Ein ewiger Traum. Essays*, herausgegeben und aus dem Spanischen und Englischen übersetzt von Gisbert Haefs, Carl Hanser Verlag, München 2010.

Michel Braudeau, *Le rêve amazonien*, Éditions Gallimard, Paris 2004.

Bernardo Gomes de Brita, *História trágico-marítima*, 1735-1736.

Italo Calvino, *Die unsichtbaren Städte*, aus dem Italienischen von Heinz Riedt, Carl Hanser Verlag, München 1977.

Pero Vaz de Caminha, *Carta do achamento*, 1500, erstmals veröffentlicht 1817.

Luíz Vaz de Camões, *Die Lusiaden*, ausgewählt, übersetzt und eingeleitet von Otto Frhr. von Taube, Herder Verlag, Freiburg 1949.

Josué de Castro, *Sete palmos de terra e un caixão*, Brasiliense, São Paulo 1965.

Marcus Porcius Cato, *De agricultura*, hrsg., übersetzt und erläutert von
  Dieter Flach, Steiner Verlag, Stuttgart 2005.

Remo Ceserani, Lidia De Federicis, *Manuale di letteratura. Il materiale e
  l'immaginario*, Loescher, Florenz 1994.

Anteos Chrisostomidis, *Ena pukamiso ghemato likedes*, 1999.

Julio Cortázar, *Ende des Spiels*, aus dem Spanischen von Wolfgang Promies,
  Suhrkamp Verlag, Frankfurt am Main 1977.

Antonio Damasio, *Descartes' Irrtum. Fühlen, Denken und das menschliche
  Gehirn*, aus dem Englischen von Hainer Kober, List Verlag, München,
  Leipzig 1995.

Amos Elon, *Jerusalem. Innenansichten einer Spiegelstadt*, aus dem Hebräischen
  von Irene Rumler, Rowohlt Verlag, Reinbek 1990.

Ennio Flaiano, *O Bombay!*, aus dem Italienischen von Ragni Maria Gschwend,
  Beck und Glückler, Freiburg 1996.

Edward Morgan Forster, *Auf der Suche nach Indien*, aus dem Englischen von
  Wolfgang von Einsiedel, Fischer Verlag, Frankfurt am Main 2001.

Ugo Foscolo, *Dei sepolcri*, 1807.

Gilberto Freyre, *Herrenhaus und Sklavenhütte*, aus dem Portugiesischen von
  Ludwig Graf von Schönfeldt, Klett-Cotta, Stuttgart 1982.

Carlo Emilio Gadda, *Frankreichs Ludwige*, aus dem Italienischen von
  Toni Kienlechner, Carl Hanser Verlag, München 1966.

Carlo Emilio Gadda, *Die Erkenntnis des Schmerzes,* aus dem Italienischen von
  Toni Kienlechner, Wagenbach Verlag, Berlin 2000.

J. B. de Almeida Garrett, *Viagens na minha terra*, 1846.

Guido Gozzano, *Reise zur Wiege der Menschheit. Briefe aus Indien*, aus dem
  Italienischen von Olaf Posmyk, Elfenbein Verlag, Berlin 2005.

João Guimarães Rosa, *Grande Sertão*, aus dem Portugiesischen von
  Curt Meyer-Clason, Kiepenheuer & Witsch, Köln 1964.

Herberto Helder, *Die Schritte rundherum*, aus dem Portugiesischen von
  Markus Sahr, Edition Erata, Leipzig 2007.

Hermann Hesse, *Aus Indien, Aufzeichnungen, Tagebücher, Gedichte, Betrachtungen
  und Erzählungen*, Suhrkamp Verlag, Frankfurt am Main 1980.

Hermann Hesse, *Wanderung. Aufzeichnungen*, Suhrkamp Verlag, Frankfurt am
  Main 1975.

Firmiano Arantes Lana, Luiz Gomes Lana, *Antes o mundo não existia*,
  UNIRT/FOIRN, São Gabriel da Cachoeira 1980.

Pierre Loti, *Indienreise*, Reißner Verlag, Dresden 1922.

Graziella Magherini, *La Sindrome di Stendhal*, Ponte Alle Grazie, Florenz 1989.

Nagib Machfus, *Zwischen den Palästen*, aus dem Arabischen von Doris Kilias, Unionsverlag, Zürich 1992.

Nagib Machfus, *Der Palast der Sehnsucht*, aus dem Arabischen von Doris Kilias, Unionsverlag, Zürich 1993.

Nagib Machfus, *Das Zuckergässchen*, aus dem Arabischen von Doris Kilias, Unionsverlag, Zürich 1994.

André Malraux, *Anti-Memoiren*, aus dem Französischen von Carlo Schmid, Fischer-Bücherei, Frankfurt am Main, Hamburg 1971.

Edgar Lee Masters, *Die Toten von Spoon River*, aus dem Englischen von Wolfgang Martin Schede, Piper Verlag, München 1987.

Brian Matthews, *Louisa,* Penguin Books Australia, Victoria 1988.

Brian Matthews, *Quickening and other Stories*, Penguin Books Australia, Victoria 1989.

Mary McCarthy, *Vietnam-Report,* aus dem Englischen von Klaus Harpprecht, Droemer Knaur, München, Zürich 1968.

Mary McCarthy, *Hanoi 1968,* aus dem Englischen von Karl-Otto von Czernicki, Droemer Knaur, München, Zürich 1968.

Mary McCarthy, *Die Clique*, aus dem Englischen von Ursula von Zedlitz, Ebersbach & Simon, Berlin 2015.

João Cabral de Melo Neto, *Morte e vita severina*, Ponto de Leitura – Editora Objectiva, Rio de Janeiro 2010.

Henri Michaux, *Ein Barbar in Asien*, aus dem Französischen von Dieter Hornig, Droschl, Graz, Wien 1992.

Yukio Mishima, *Der Tempelbrand*, aus dem Japanischen von Walter Donat, List Verlag, München 1961.

Alberto Moravia, *Indienreise*, aus dem Italienischen von Curt Meyer-Clason, Desch, München, Wien, Basel, 1963.

Tom O'Neill, *Of Virgin Muses and of Love. A study of Foscolo's* Dei sepolcri, Irish University Press, Dublin 1982.

Giovanni Orelli, *Die Brille des Gionata Lerolieff,* aus dem Italienischen von Maja Pflug, Weidle, Bonn 2014.

Pier Paolo Pasolini, *Der Atem Indiens*, aus dem Italienischen von Toni Kienlechner, Piper Verlag, München 1992.

Fernando Pessoa, *Das Buch der Unruhe des Hilfsbuchhalters Bernardo Soares*, aus dem Portugiesischen von Inés Koebel, Fischer Verlag, Frankfurt am Main 2011.

Fernando Pessoa, *Esoterische Gedichte. Mensagem u. a.*, aus dem Portugiesischen und Englischen von Georg Rudolf Lind, Fischer Verlag, Frankfurt am Main 1996.

Fernão Mendes Pinto, *Wunderliche und merkwürdige Reisen des Fernão Mendes Pinto* (1614), Überarbeitung der Übersetzung von 1671 von Horst Lothar Teweleit, Rütten & Loening, Berlin 1976.

Platon, *Sophistes*, aus dem Griechischen von Friedrich Schleiermacher, Suhrkamp Verlag, Frankfurt am Main 2007.

Eça de Queiroz, *Stadt und Gebirg*, aus dem Portugiesischen von Curt Meyer-Clason, Manesse Verlag, Zürich 1963.

Pascal Quignard, *La Frontière. Azulejos du palais Fronteira*, Editions Chandeigne, Paris 1992.

Pascal Quignard, *Die siebente Saite*, aus dem Französischen von Barbara Reitz, Goldmann Verlag, München 1992.

François Rabelais, *Gargantua und Pantagruel*, aus dem Französischen von Horst und Edith Heintze auf der Grundlage der dt. Fassung von Ferdinand Adolf Gelbcke, Insel Verlag, Frankfurt am Main 2003.

Graciliano Ramos, *Karges Leben*, aus dem Portugiesischen von Willy Keller, Wagenbach Verlag, Berlin 2013.

Gregor von Rezzori, *Die schönsten maghrebinischen Geschichten*, Rowohlt Verlag, Reinbek 1974.

Gregor von Rezzori, *Ein Hermelin in Tschernopol. Ein maghrebinischer Roman*, Rowohlt Verlag, Reinbek 1966.

Gregor von Rezzori, *Memoiren eines Antisemiten*, Fischer Verlag, Frankfurt am Main 1981.

Mercè Rodoreda, *Auf der Plaça del Diamant*, aus dem Katalanischen von Hans Weiss, Suhrkamp Verlag, Frankfurt am Main 1979.

Romain Rolland, *Inde. Journal (1915–1943)*, Éditions Vineta, Paris, Lausanne, Basel 1951.

Romain Rolland, *Gandhi et Romain Rolland. Correspondance, extraits du Journal et textes divers*, Cahiers Romain Rolland 19, Albin Michel, Paris 1969.

William Shakespeare, *Hamlet*, 1600–1601.

Luciana Stegagno Picchio, *Storia della letteratura brasiliana* (Geschichte der brasilianischen Literatur), Turin 1997.

Robert Louis Stevenson, *Die Schatzinsel*, hrsg. und aus dem Englischen von Andreas Nohl, Carl Hanser Verlag, München 2013.

Wisława Szymborska, *Die Gedichte*, hrsg. und aus dem Polnischen von Karl Dedecius, Suhrkamp Verlag, Frankfurt am Main 1997.

Tanizaki Jun'ichiro, *Lob des Schattens. Entwurf einer japanischen Ästhetik*, aus dem Japanischen von Eduard Klopfenstein, Manesse Verlag, Zürich 2002.

Stendhal, *Rom, Neapel und Florenz*, aus dem Französischen von Katharina Scheinfuß, Rütten und Loening, Berlin 1980.

Torquato Tasso, *Aminta. Favola boschereccia*, Italienisch-Deutsch, aus dem Italienischen von János Riesz, Reclam Verlag, Stuttgart 1995.

Karan Thapar, *Face to Face India – Conversations with Karan Thapar*, Penguin Books India, Neu-Delhi 2006.

Karan Thapar, *Sunday Sentiments*, Wisdom Tree, Neu-Delhi 2006.

Paul Valéry, *Monsieur Teste*, aus dem Französischen von Max Rychner, Suhrkamp Verlag, Frankfurt am Main 1995.

Paul Valéry, *Die junge Parze. Gedicht*, aus dem Französischen von Paul Celan, Suhrkamp Verlag, Frankfurt am Main 1982.

Paul Valéry, *Gedichte*, aus dem Französischen von Rainer Maria Rilke, Suhrkamp Verlag, Frankfurt am Main 1988.

Vergil, *Georgica*, hrsg. und aus dem Lateinischen von Otto Schönberger, Reclam Verlag, Stuttgart 2010.

Myron Weiner, *The Child and the State in India: Child Labor and Education Policy in Comparative Perspective*, Princeton University Press, Princeton 1990.

Cesare Zavattini, *I poveri sono matti*, Bompiani, Mailand 2014.

INHALT